AKAL / PENSAM

1

Diseño interior y cubierta: RAG

Reservados todos los derechos.
De acuerdo a lo dispuesto en el art. 270
del Código Penal, podrán ser castigados con penas de multa
y privación de libertad quienes sin la preceptiva autorización
reproduzcan, plagien, distribuyan o comuniquen públicamente,
en todo o en parte, una obra literaria, artística o científica,
fijada en cualquier tipo de soporte.

© Marcos Roitman Rosenmann, 2012

© Ediciones Akal, S. A., 2012

Sector Foresta, 1
28760 Tres Cantos
Madrid - España

Tel.: 918 061 996
Fax: 918 044 028

www.akal.com

ISBN: 978-84-460-3593-0

Depósito legal: M-6645-2012

Impreso en Cofás, S. A.
Móstoles (Madrid)

Marcos Roitman Rosenmann

Los indignados
El rescate de la política

A Pablo González Casanova

INTRODUCCIÓN

Este libro, escrito como un ensayo corto, tuvo su origen en la petición de Gloria Muñoz, directora de la pagina web *Desinformémonos*, para reflexionar sobre los nuevos movimiento sociales emergentes. Se trataba de dar una explicación a los llamados «indignados» y su publicación motivó comentarios, en pro y en contra. Coincidiendo con otra petición similar, la proveniente de Venezuela, concretamente del periódico *Correo del Orinoco*, el texto fue reescrito, incorporando las críticas. Con este aliciente, el escrito circuló en las redes. Así, en medio de la polémica, decidí que era oportuno hacerlo llegar a militantes del 15-M, exalumnos, amigos y compañeros comprometidos en las luchas democráticas. No todos leyeron el escrito, pero entre quienes sí lo hicieron, llovieron los comentarios. De buena gana me replantee su reelaboración para dotarlo de un andamiaje teórico, cuyo objetivo ha sido contribuir al debate de las alternativas. La cercanía de las elecciones generales, convocadas para el 20 de noviembre, aconsejó no precipitar conclusiones. Era conveniente dejarlo reposar. Hacerlo daría la posibilidad de valorar mejor el alcance del 15-M, cuya corta existencia está sometida a una coyuntura de recesión, cuyo alcance y consecuencias ponen en entredicho el neoliberalismo en su andamiaje económico y en las soluciones políticas. La incertidumbre se apodera de lo político y es ahí donde cobra importancia el 15-M.

Los resultados electorales auguran tiempos difíciles. Recortes, ajustes, represión y pérdida de derechos civiles, políticos y sociales, es decir, humanos. El protagonismo del 15-M en estas circunstancias, sus éxitos o fracasos marcará la deriva de las resistencias y la emergencia de propuestas alternativas. Sin duda este es el verdadero reto del movimiento social ciudadano 15-M. Con menos de un año de vida, mucho se ha escrito al respecto. No exageramos si decimos que son más de un centenar de libros publicados en diferentes editoriales, miles de artículos aparecidos en la red y otros cientos en revistas especializadas. Sin olvidarnos de conferencias, exposiciones gráficas, debates e investigaciones. Todo un mundo se abre en torno al movimiento de indignados. Pero, ¿qué tiene de especial? A esta pregunta trata de responder el texto que tienen en sus manos. He concebido el 15-M y el movimiento indignados como parte de los nuevos movimientos sociales ciudadanos, enmarcados en las luchas de resistencia democrática contra el poder omnímodo de los mercados y el secuestro de la política a manos del capital financiero y las transnacionales. Sus demandas de democracia real (ya) forman parte de una necesidad, rescatar la política y su valor ético, así como refundar la ciudadanía plena basada en el ejercicio de los derechos sociales, políticos, económicos y culturales propios de una democracia radical. Esta opción se antoja como respuesta al consumidor, cuyo ejemplar más perfecto es el retorno del idiota social. Sujeto alejado de los problemas públicos y afincado en la máxima «sálvese quien pueda, pero yo el primero».

He recibido muchos aportes que, en la medida de lo posible, se incorporaron al texto que ustedes tienen en sus manos. En este sentido, le agradezco sus aportaciones a mi amigo Aldo González, biólogo molecular, cuya militancia en el 15-M fue temprana como lo fue en Chile, durante el gobierno de la Unidad Popular. Igualmente debo citar a Francisco Ochoa de Michelena, cuya acertada y afilada crítica me obligo a ver con otros ojos lo escrito. Asimismo, Antonio Gómez Liébana, activista como los hay pocos, defensor de la sanidad pública y de los derechos sindicales, me aportó comentarios inestimables. En estos agradecimientos también debo citar a Jaime Pastor, luchador incansable durante el franquismo, cuya perseverancia continúa, y a Liliana Pineda, gran novelista y militante del 15-M e Izquierda Unida. Tampoco puedo olvidar a Eduardo

Fort, liberal convencido y excelente analista político, y a Paula Guerra, aguda periodista, cuyos aportes no cayeron en saco roto. Por último, agradecer a Diego y mis estudiantes que han sido los más críticos –uno de los cuales merece ser destacado por su compromiso, Santiago García-Cazorla–, y tampoco pueden faltar los ayudantes de investigación en la travesía docente: Alba Romero, Eduardo García y Talía Medina. Todos saben que sin sus aportes este texto no tendría el mismo valor.

CAPÍTULO I

INCERTIDUMBRE Y MALESTAR

Vivimos de incertidumbre, y no puede ser de otra manera. La vida es un proceso sin caminos preestablecidos. Algo similar ocurre con el capitalismo, sus certezas no son tales. Quienes diseñan sus trazas lo saben; razón de peso para crear diques que controlen el movimiento de sus aguas. Si el nivel sube peligrosamente, abrirán las compuertas y liberarán presión. Ante todo, seguridad. La luz roja nunca se apaga, los hacedores de políticas son conscientes de ello, sobre todo quienes desde el tablero manipulan, cuando pueden, las fichas con el fin de controlar la partida.

El sistema social busca jugadores respetuosos de las reglas y, si por un casual, la partida no transcurre o se ajusta al itinerario se puede acusar al adversario de utilizar malas artes y descalificarlo. Solo en casos extraordinarios patea el tablero. Así se producen los golpes y los procesos de involución política. El capitalismo vive sobresaltado, agazapado tras las fuerzas armadas, evitando el desborde y recurriendo a la razón de Estado, siempre que es necesario.

Para legitimar el control de las aguas creó un adversario *ad hoc*, capaz de justificar todas y cada una de las decisiones políticas represivas. El chivo expiatorio se adjetivó como enemigo interno de la democracia representativa, al cual había que sacrificar en beneficio de una sociedad libre y sana. Durante la Guerra Fría (1948-1990) no hubo dudas, el chivo fue el comunismo y su ideario revolucionario. Hoy, el enemigo muta. Desde el ataque a las Torres Gemelas y el Pentágono en setiembre de 2001, su lugar lo ocupa el llamado terrorismo internacional. Concepto ambiguo moldeable en función de los intereses políticos de Occidente y los Estados Unidos. El calificativo de terrorista puede recaer en organizaciones o personas que Occidente y los Estados Unidos consideren un peligro para su orden civilizatorio.

Desempleados, campesinos, trabajadores, jóvenes, estudiantes, mujeres, pueblos originarios, inmigrantes, afectados por las hipotecas, grupos de liberación sexual, gais, lesbianas o transexuales. Cualquiera de los apuntados puede convertirse en terrorista si las circunstancias lo ameritan.

La criminalización, ilegalización y persecución de los movimientos sociales ciudadanos forma parte de esta visión totalitaria. Así lo vive la derecha cuando habla de una alianza antisistema y antiglobalización. El pensamiento ultraconservador no duda en señalar que dicha alianza «aglutina a la izquierda que fracasó en mayo de 1968, a los que jalearon el comunismo y hoy ven con complacencia la pulsión antioccidental del islamismo yahaidista, a los antiglobalizadores altermundistas y a las distintas manifestaciones del indigenismo, populismo y fanatismo religioso [...] esta alianza no es solo teoría, hay coincidencia de actuación entre Venezuela, Irán y Siria»[1].

El enemigo está en todas partes y los ojos del sistema se multiplican para controlar el más mínimo movimiento considerado sospechoso. Nunca como en la actualidad el capitalismo se sintió tan amenazado e inseguro. Sin embargo, la falta de una alternativa que le haga frente y posibilite la emergencia de un proyecto anticapitalista, democrático y liberador, le da un respiro en el corto y medio plazo. A pesar de ello, las elites dominantes tienen miedo. Las protestas se han disparado en todo el mundo, sobre todo contra el capital financiero, los bancos y la manera de encarar la crisis por los gobiernos. Hoy las movilizaciones se han generalizado, expresan un descontento planetario. Lo inesperado sucede, llegando al centro del imperio; en Estados Unidos, un grupo de jóvenes toma la Plaza Libertad en Nueva York, y su acción ejemplar se extiende por todo su territorio.

---

[1] Miguel Ángel Cortes y Guillermo Hirselfeld, *Una agenda para la Libertad*, Madrid, Ediciones FAES, 2007, pp. 32 y 33.

Ocupa Wall Street ha generado expresiones de protesta contra la desigualdad económica y el poder financiero en 45 de los 50 estados del país [...] Con la multiplicación de acciones en el contexto nacional y el apoyo de diversos sectores sociales continúa la dramática transformación de esta iniciativa, que al nacer estaba conformada casi exclusivamente de jóvenes blancos privilegiados. Ahora algunos ya llaman «movimiento» a este esfuerzo que empieza a aglutinar a los principales sindicatos y organizaciones sociales y comunitarias de todo tipo, elevando su perfil como nueva expresión social [...][2].

Aun así, hay que tener claro las diferencias entre las distintas expresiones de protestas. Como señala el sociólogo francés, Étienne Balibar en una entrevista concedida a *Il manifesto* y publicada por *Rebelión.org*:

> Por ahora, sin embargo, los movimientos sociales a menudo operan con una perspectiva nacional. Los únicos que se han planteado el problema de construir un espacio público europeo de acción política han sido los indignados españoles, que exigen tanto poner fin a la dictadura de los mercados como la necesaria democratización de la vida pública. Por lo demás, la opción nacional parece más bien un repliegue, un signo de debilidad más que de fortaleza [...] Los indignados españoles son sin duda un movimiento social. Tienen sus raíces en el territorio, han desarrollado sus propias instituciones, han definido reglas para la toma de decisiones y, por último, han planteado con fuerza el nudo de las relaciones sociales de producción. Es posible que lo hayan hecho en un idioma que para el marxista puede resultar extraño, pero su punto fuerte es la crítica al régimen de acumulación centrado en la expropiación. Occupy Wall Street tiene en cambio todas las características de una campaña de sensibilización en torno a ciertos temas –la pobreza, la polaridad entre el 99 por 100 de la población y el 1 por 100 de los ricos– pero hasta ahora no han dado

---

[2] David Brooks, «El descontento social se extiende por todo EU» [http://www.jornada.unam.mx/2011/10/08/mundo/036n1mun].

el gran salto a la acción política. Cuando pienso en los contrapoderes insurreccionales pienso, pues, en los movimientos sociales y su capacidad para desarrollar sus propias instituciones: solo en presencia de estos contrapoderes podemos condicionar y poner en crisis la dictadura comisarial, que es frágil ya que la crisis económica ha empobrecido a las sociedades. La partida, pues está abierta. Y el resultado final aún no está escrito[3].

Sin duda una aclaración necesaria. En otras regiones del continente americano se producen triunfos electorales impensables en el siglo XX. En Bolivia y Ecuador, movimientos políticos nacidos abajo a la izquierda se consolidan en el poder y con principios que se fundamentan en una noción de ciudadanía activa, *Sumak Kawsay* o buen vivir, en los cuales se reconocen los derechos a la naturaleza, se plantea la soberanía alimentaria y se defiende la planificación para el desarrollo con pensamiento propio. Su existencia está mal vista y son un mal ejemplo, por esta razón se les ataca. La estrategia es desestabilizar, desacreditarlos y no dejar que la experiencia se extienda como alternativa y ejemplo para otras fuerzas de izquierdas para romper con el capitalismo dependiente.

Definidos como gobiernos penetrados por el terrorismo internacional, el capitalismo transnacional y las instituciones sobre las cuales asienta su poder, acaban por justificar presiones, amparar bloqueos y legitimar golpes de Estado. Honduras es la experiencia más reciente.

En América Latina, la derecha internacional informa que en la triple frontera entre Argentina, Brasil y Paraguay «aumenta la inquietud por la actividad terrorista de los grupos islamistas al ser un centro neurálgico de financiación, tanto como de la venta de armas, drogas y contrabando [...] Europa debe hacer ver que América Latina está inmersa en la amenaza de Al-Qaeda y es su objetivo». Con esta laxitud en la definición de terrorismo resulta

---

[3] Étienne Balibar, «Si Europa fuese un contrapoder», *Rebelión.org* (22 de noviembre de 2011) [http://www.rebelion.org/noticia.php?id=139785].

fácil deshacerse del opositor incómodo. Baste pensar en cómo se califica la resistencia del pueblo palestino. Las presiones son continuas. Un ejemplo más en esta dirección es la respuesta de Estados Unidos y sus aliados, una vez aceptada la incorporación de Palestina en la UNESCO. El gobierno presidido por Barack Obama dio la orden de no pagar sus cuotas, generando un colapso en la organización. Mientras tanto, Israel calificó la decisión como un atentado a la paz mundial. Esta actitud de rechazo a cualquier apoyo de instituciones internacionales reconociendo al pueblo palestino su derecho a participar en ellas ha sido una constante.

He constatado –y no soy el único– la reacción del gobierno israelí confrontado al hecho de que cada viernes los habitantes de la pequeña ciudad de Bil'in, en Cisjordania, van sin lanzar piedras, sin usar fuerza alguna, hasta el muro contra el cual protestan. Las autoridades israelíes han calificado esta marcha de «terrorismo no violento». No está mal. Hay que ser israelí para calificar de terrorista la no violencia. Tiene que ser resultar embarazosa la eficacia de una no violencia que tiende a suscitar apoyos, comprensión, la complicidad de todos aquellos que en el mundo son adversarios de la opresión[4].

En época de crisis el capitalismo busca introducir cambios en su organización y estructura a fin de evitar el colapso. Sus arquitectos, ingenieros y vigilantes hacen que las piezas del mecanismo funcionen bien engrasadas y sincrónicamente. Los diques deben estar en perfecto estado de conservación. El caudal controlado, los imprevistos considerados y las grietas selladas.

Adelantarse a los acontecimientos es el trabajo de los planificadores del capitalismo. Controlar la lucha de clases alarga la vida del dominador. Pero lo imprevisible es parte de la política, el futuro no puede ser clausurado con un diseño de escritorio. Lo saben cuando utilizan modelos matemáticos de ecuaciones no lineales y lo aplican a la teoría del riesgo en lo político.

---

[4] Stéphane Hessel, *¡Indignaos!*, Barcelona, Destino, 2011, p. 45.

Los científicos de la teoría de sistemas pueden visualizar los efectos que diversas políticas y estrategias tendrían sobre la evolución de las ciudades, el crecimiento de una empresa o el funcionamiento de una economía. Usando modelos no lineales, es posible localizar potenciales puntos de presión crítica en dichos sistemas. En tales puntos de presión, un cambio pequeño puede producir un impacto desproporcionadamente grande[5].

El capitalismo es un orden político y responde a la voluntad de los individuos que lo articulan. Y como aprendices de brujo, los capitalistas desatan fuerzas incontrolables, disminuyendo su capacidad para absorber conflictos. De esa manera, el dique se resquebraja hasta producir un fallo generalizado. Lo que en principio podría parecer una nimiedad puede acabar cuestionando el sistema. En estas circunstancias, los llamados atractores juegan un papel destacado. Son los factores considerados desencadenantes de las crisis. Esa gota que desborda el vaso.

En Islandia, por ejemplo, «cuando el primer fin de semana de octubre de 2008, el músico Hordur Torfason, iniciador de la protesta, se plantó frente al parlamento con una cacerola y cincuenta compañeros sus compatriotas se quedaron perplejos. Enarbolaban tres demandas centrales: la dimisión del gobierno, la reforma constitucional y limpiar cargos en el Banco Central. Casi cuatro meses después, el 24 de enero, la plaza estaba llena con siete mil personas (la población de la isla es de 320 mil almas) gritando "¡Gobierno incompetente!". Dos días después, el gobierno dimitió»[6].

Los atractores funcionan y están presentes en todos los movimientos sociopolíticos emergentes. Son los llamados acoplamientos estructurales que amplifican y someten las crisis a una tensión

---

[5] J. Briggs y F. D. Peat, *Espejo y Reflejo: del caos al orden. Guía ilustrada de la teoría del caos y la ciencia de la totalidad*, Barcelona, Gedisa, 1994, p. 24.

[6] Luis Hernández Navarro, «El 15M: la hora del despertar», *La Jornada dominical* (14 de agosto de 2011) [http://www.jornada.unam.mx/2011/08/14/sem-navarro.html].

imprevista y muchas veces incontrolable. En Túnez, Mohamed Bou'aziz, un joven graduado de informática que trabajaba vendiendo frutas y verduras con su carro por las calles de Sidi Bouzid fue multado, impidiéndole seguir con el negocio. Carecía, pues, de permisos legales. Su protesta cobró una dimensión trágica, la rabia lo llevó a inmolarse. Fue el comienzo de la protesta social. Otros jóvenes siguieron su ejemplo y también se prendieron fuego. Pero la impotencia se transformó en revuelta, extendiéndose por todo el país. Túnez, país considerado modélico hasta el año 2009, felicitado por el Banco Mundial y el FMI, vería, en el plazo de un año, cómo su presidente Zine el Abidine Ben Alí era derrocado. No fue la pobreza, el desempleo o la represión política, ejercida con mano de hierro durante dos décadas, el punto de inflexión, el hecho que desbordó el dique fue la inmolación de Mohamed, amén de las luchas por la democracia, una organización popular activa y el hartazgo de años el principio del fin del régimen de Ben Alí.

En España, el llamado movimiento de «indignados» comenzó siendo una manifestación «marginal», adjetivada como periférica. Dos plataformas, Democracia Real Ya y «Juventud sin Futuro, sin trabajo, sin empleo, sin casa, sin miedo», se dieron cita en las calles de Madrid, un domingo 15 de mayo. Protesta minoritaria, en principio, acabó en grandes acampadas. En Madrid, Barcelona, Valencia, Pamplona, Sevilla o Bilbao, las plazas se tomaron y se convirtieron en expresión de la indignación ciudadana. Pero tampoco hubiese prendido la mecha si las fuerzas de orden público no hubiesen intervenido tratando de desalojarlos. En Madrid, la Puerta del Sol se convirtió en símbolo de resistencia. La represión se comportó como un atractor y el 15-M comenzó a tomar cuerpo. Fue una suma de factores. Nadie pudo prever cuándo ni cómo se articularon.

Resulta clarificador un proyecto realizado por el Instituto Universitario de Investigación de Biocomputación y Física de Sistemas Complejos de la Universidad de Zaragoza (BIFI). Su objetivo, encontrar los puntos esenciales de los atractores que explican el nacimiento y evolución del 15-M.

El proceso de maduración de la protesta no es lento, lineal, suavemente progresivo; al contrario: es abrupto. En los días anteriores al surgimiento del movimiento el sistema está adormecido, es muy pequeño; y en menos de seis días es capaz de aglutinar a todo el colectivo [...] El patrón de crecimiento del movimiento recuerda otros ejemplos bien conocidos de la criticalidad autoorganizada (fenómenos críticos en física, economía, avalanchas, terremotos...)[7].

Los atractores funcionan en España, Túnez, Islandia, Egipto, Chile, Israel o Estados Unidos. No podemos saber cuál será la dirección futura de las protestas, pero si estamos en condiciones de afirmar que constituyen fuerzas capaces de revertir procesos políticos, crear movimientos ciudadanos y convertirse en puntos de inflexión en las dinámicas de poder, de ahí la necesidad e importancia de conocer sus principios articuladores.

Tanto la existencia de regímenes tiránicos y autocráticos como el mantenimiento de las políticas excluyentes y represivas en los países capitalistas avanzados pasa por clausurar espacios democráticos, reprimir libertades civiles y desarticular la ciudadanía política. En esta labor, el capitalismo no tiene escrúpulos. Saca a las calles al ejército sin remordimientos. Los muertos son efectos colaterales.

La razón de Estado se enroca en una estrategia de violencia. En ella, los aparatos y cuerpos de seguridad, fuerzas armadas, policía y servicios de inteligencia ganan protagonismo. Es el comienzo de un nuevo tipo de guerra cuyo objetivo consiste en romper la cohesión social. Desarticular las redes de ciudadanía hasta lograr el control total de población es el principal fin de las nuevas políticas de seguridad democrática. Por la vía del chantaje, y con el discurso de luchar contra el terrorismo, se abre una puerta peligrosa al advenimiento de un despotismo sin restricciones ni límites.

---

[7] El proyecto fue presentado en el Foro CAIXA Madrid. Existe un resumen en la web [http://15m.bifi.es/]. Sus directores son Alfonso Tarancón, Javier Borge-Holthoefer y Yamir Moreno.

La guerra al terrorismo –con énfasis en la «seguridad interna» que la acompaña– presupone que el poder del Estado, ampliado ahora por las doctrinas de la guerra de anticipación y liberado de las obligaciones de los tratados y las posibles restricciones de los organismos judiciales internacionales, puede volverse hacia el interior, en la confianza de que en su persecución interna de los terroristas, los poderes que reclamaba, como los poderes que había proyectado hacia el exterior no serían medidos por los estándares constitucionales ordinarios sino por el carácter siniestro y ubicuo del terrorismo en su definición oficial. La línea hobbesiana entre el estado de naturaleza y la sociedad civil comienza a fluctuar[8].

Son las bases para el nacimiento de un totalitarismo invertido, diferente del totalitarismo clásico donde

> la conquista del poder no resultó de una fusión de consecuencias no deliberadas; fue el objetivo consciente de quienes conducían en movimiento político. Las dictaduras más poderosas del siglo xx fueron extremadamente personales, no solo porque cada una de ellas contó con un líder dominante de proporciones épicas, sino también porque cada sistema en particular fue creación de un líder que había llegado a ocupar esa posición por esfuerzo propio [...] Cada sistema es inseparable de su *Führer* o *Duce*. El totalitarismo invertido tiene un recorrido totalmente diferente: el líder no es el arquitecto del sistema sino un producto de él. George W. Bush no creó el totalitarismo invertido [...]. Es hijo complaciente y agraciado del privilegio, de las conexiones corporativas; un constructo de los genios de las relaciones públicas y de los propagandistas del partido[9].

En esta línea, el totalitarismo invertido actúa e impregna todas las esferas de la vida social, en los ámbitos público y privado. Sus

---

[8] Sheldon Wolin, *Democracia S.A. La democracia dirigida y el fantasma del totalitarismo invertido*, Buenos Aires, Ediciones Katz, 2008, p. 138.
[9] *Ibidem*, p. 81.

ansias de control incrementan la necesidad de un superpoder capaz de facilitar y legitimar los recortes a las libertades ciudadanas. En esta dimensión se explica la orden dictada por la Comunidad de Madrid, en manos del Partido Popular, para bloquear y denegar el acceso a las páginas web de los indignados y el 15-M, en pro de la seguridad. Si alguien trata de acceder desde sus centros, bibliotecas y puntos de información a dichas páginas se encuentra con el siguiente mensaje: «Acceso denegado por política de contenidos. Usted está intentando acceder a contenidos no permitidos»[10].
Con el triunfo del Partido Popular, las condiciones han cambiado. La policía ha comenzado a pedir el carnet de identidad a aquellas personas que asisten y participan en los debates. Parece ser que la etapa contemporizadora ha concluido.

La militarización de las sociedades para «combatir» las protestas ciudadanas son una excusa para justificar la involución democrática. En algunos países, el aumento exponencial de la violencia sirve para articular este nuevo totalitarismo invertido, cuyo lenguaje apocalíptico se multiplica si se incorpora en esta lucha contra el terrorismo, la variante del crimen organizado y el narcotráfico. Igualmente, la criminalización de los movimientos político-sociales busca

> [...] una imposición, por la fuerza de las armas, del miedo como imagen colectiva, de la incertidumbre y la vulnerabilidad como espejos en lo que esos colectivos se reflejan. ¿Qué relaciones sociales se pueden mantener o tejer si el miedo es la imagen dominante con la cual se puede identificar un grupo social, si el sentido de comunidad se rompe al grito de «sálvese quien pueda»? De esta guerra no solo van a resultar miles de muertos [...] y jugosas ganancias económicas, también, y sobre todo, va a resultar una nación destruida, despoblada, rota irremediablemente[11].

---

[10] «El gobierno de Madrid censura los contenidos del 15-M en las bibliotecas públicas», *Rebelion.org* (13 de agosto de 2011) [http://www.rebelion.org/noticia.php?id=133881.]
[11] Sheldon Wolin, *op. cit.*, p. 41.

En Gran Bretaña, esta estrategia ha sido puesta en práctica cuando las protestas no han podido ser controladas. En una demostración de prepotencia y alarde de fuerza se criminaliza a los manifestantes que han salido a las calles demandando trabajo. Para evitar sorpresas y actuar impunemente el gobierno autoriza, en Londres, la instalación de quinientas cámaras de video, en plazas y centros públicos; el objetivo, identificar, detener y encarcelar a los individuos tipificados como antisistema, alborotadores, terroristas o delincuentes. La prensa contribuye atizando la hoguera, deslegitimando las protestas y criminalizando a los pobres en sus demandas de empleo. Así, manipula la opinión pública y la hace cómplice de las políticas represivas y antidemocráticas.

Las calles británicas han reencontrado la calma, pero la agitación se adueñó de las editoriales, de las cuentas de Twitter y de los discursos de los dirigentes políticos. Un adjetivo, «salvaje», vuelve incesantemente a propósito de los amotinados, de buena gana descritos como «ratas». Richard Littlejohn, periodista del *Daily Mail,* incluso propuso una solución para desembarazarse de la «jauría de huérfanos salvajes que atormentan a los barrios desheredados»: «matarlos a golpes de porra, como a focas bebé». Desde hace años los comentaristas se dedican a documentar la estupidez del «subproletariado británico», ahora lo describen como infestado de animales amenazantes. Llevado por análisis de este tipo, así como una atmosfera de cólera y de espanto, el primer ministro conservador, David Cameron ha sugerido que las personas reconocidas culpables de haber participado en motines y pillajes sean desalojadas de sus viviendas sociales (con sus familias) y privadas de sus asignaciones. Un mensaje límpido: si usted es pobre y comete un delito, será castigado dos veces[12].

En España, el movimiento del 15-M ha sufrido el mismo trato por parte de la derecha política, los periodistas y medios de comu-

---

[12] Owen Jones, «El orden moral británico contra la chusma», *Le Monde diplomatique en español* 192 (octubre de 2011), p. 8.

nicación afines. Han sido acusados de estar «fuera de la ley» y ser «chusma piojosa», pidiendo una actuación represiva ejemplar al gobierno y las autoridades civiles. Desde periódicos como *La Razón*, *La Vanguardia*, *El Mundo* o *ABC* se lanzan soflamas y se escriben editoriales y columnas mostrando al movimiento de indignados como parte de un proyecto desestabilizador para impedir en las elecciones y provocar un golpe de Estado. Las radios adictas, Cadena Cope y Libertad Digital –entre otras–, contribuyen a darle credibilidad a este relato. No es de extrañar que el discurso sea comprado por la presidenta de la Comunidad de Madrid, Esperanza Aguirre, cuando se refiere al 15-M: «Tras los indignados, los camorristas y pendencieros –que abogan por un principio de democracia directa– se puede esconder un golpe de Estado [...] Bajo la apariencia de inocentes movilizaciones [...] se esconde la deslegitimación de nuestro sistema representativo»[13].

Concluido el proceso electoral del 20 de noviembre, donde el partido Popular ha conseguido una mayoría absoluta, el discurso se radicaliza. Ahora se sienten legitimados por las «urnas» para atacar y ejercitar la represión sobre el 15-M, al ser considerado un aspecto residual de la política antisistema. Todo calza. Así se argumenta la criminalización y se recurre al enemigo interno para justificar un Estado de control social policiaco. Los primeros síntomas son visibles. Al igual que en Londres, la instalación de cámaras de video en las avenidas públicas, el Metro, ministerios, centros comerciales y espacios considerados neurálgicos para la vida política, es una realidad. Hoy en día todavía no generan recelo, se les considera un factor potenciador para garantizar nuestra seguridad.

En Chile, la fuerza de Carabineros se aplica con dureza a los manifestantes. La prensa diaria es controlada al 100 por 100 por dos empresas, Mercurio, propiedad de los Edwards, una vieja familia oligárquica y terrateniente, y COPESA, grupo donde so-

---

[13] «Aguirre carga contra el 15-M y dice que así se fraguan golpes de Estado», *El País* (27 de septiembre de 2011) [http://politica.elpais.com/politica/2011/09/26/actualidad/1317066995_627976.html].

bresale el diario *La Tercera*. Ambas industrias de la prensa se unen al discurso oficial del gobierno: descalificar las movilizaciones y justificar la represión en la «lucha terrorista callejera». La policía urbana chilena utiliza perros de raza pastor alemán, adiestrados en la persecución de «manifestantes», sean estudiantes, amas de casa, trabajadores, desempleados o mineros; muerden y paralizan hasta la llegada de su amo, encargado de concluir el trabajo. Estas prácticas, el uso de animales en las tareas represivas, se creía obsoleta, pero los hechos demuestran lo contrario. Los perros utilizados en las guerras de conquista forman parte del arsenal militar. Los alanos, raza similar al gran danés, eran la raza preferida por los hunos y anglos. Los romanos le otorgaron a su uso un toque festivo, adiestrándolos para combatir en los espectáculos circenses contra los gladiadores. En la conquista española se hicieron famosos, llegando incluso a los libros de historia. Fue el caso de «Becerrillo», perro enterrado con honores militares tras morir al ser alcanzado por una flecha envenenada; su dueño, Juan Ponce de León, conquistador de Puerto Rico, se vanagloriaba diciendo que «Becerrillo» era capaz de distinguir entre indios dóciles y beligerantes, descuartizando solo a los infieles. Su vástago, «Leoncico», siguió la tradición paterna devorando con ansia a sus presas. A fines del siglo XX, las dictaduras militares de América Latina utilizaron en los centros de tortura perros para amedrentar a los detenidos y violar a las mujeres.

Las crisis agudizan el ingenio de las clases dominantes a la hora de mantener el control social. En esta labor no han escatimado esfuerzos ni dinero. Dedican gran cantidad de fondos públicos para investigar el desarrollo de tecnologías aplicadas a la represión. Psicólogos, médicos, químicos, sociólogos e ingenieros han pasado a engrosar la lista de especialistas en métodos la tortura[14].

---

[14] Hay países que no han dudado en incorporar instrumental para la represión a sus exportaciones. Sus beneficios son, de hecho, incalculables; España, Francia o Estados Unidos ocupan lugares destacados. Israel merece un apartado especial, su nivel de crecimiento en 2010, del 4,7 por 100 se

Hoy, la guerra es total:

En el nuevo modelo de dominación y acumulación, a la rica experiencia de la dominación de clase, heredada del esclavismo, del feudalismo y el colonialismo, se añadió la no menos rica del capitalismo mercantil, industrial financiero, monopólico y oligopólico, nacional, transnacional y multinacional. Un capital muy variado en sus organizaciones y experiencias. La guerra y la lucha por el poder y los negocios se sirvieron de los flamantes modelos econométricos e interdisciplinarios a su servicio y llegaron a descubrir «juegos de guerra y de negocios» en que «se gana o se gana», y que se llaman en ingles «win-win». Los modelos «win-win» se usan mucho. Se usaron, por ejemplo, en la reciente crisis de 2011 en que los banqueros y compañías amenazaron con declararse en quiebra y pusieron a los gobiernos a su absoluto servicio. Los propios gobiernos de las grandes potencias subsidiaron la crisis. No se diga ya sus subalternos. Para colmo, la decisión de todos los gobiernos consistió en encomendar a quienes habían generado la crisis que fueran quienes la resolviesen, lo que ya están haciendo a su manera, en que preparan de pies a cabeza una nueva crisis para el 2012. Las corporaciones y el capital financiero que las acompaña revelan con sus políticas seguir firmemente decididos a ganar tanto con la crisis como con el pago de la crisis, así sea a costa de los pueblos y de los trabajadores de la periferia y el centro del mundo. Es más, sus accionistas, gerentes y funcionarios, que han decidido resolver la crisis en esos términos, son plenamente conscientes de que las resistencias y oposiciones van a crecer de una manera descomunal. Los problemas están técnicamente previstos y ellos están preparados psicológica, militar, política, mediática, racional y dogmáticamente; están decididos a enfrentarlos con nuevas combinaciones y aplicaciones de sus políticas de repre-

---

atribuye, con razón, al éxito de las industrias tecnológica y militar; hoy es uno de los mayores exportadores en el sector de la vigilancia y el mantenimiento del orden. Véase, al respecto, Neve Gordon «The political economy of Israel's homeland security/surveillance industry», *The New Transparency Project*, Beer Sheva, Universidad Ben Gurion, abril de 2009.

sión, mediatización, intimidación y confusión. Su prepotencia y fanatismo les hace pensar, como en tiempos de Hitler, que tienen toda la superioridad necesaria para imponer sus valores e intereses[15].

Bajo este manto de contradicciones, y en medio de la batalla por destruir la ciudadanía política, el capitalismo emprende una cruzada sin vuelta atrás. En su camino se lleva por delante los derechos humanos y de la naturaleza, que suponen un obstáculo para su objetivo. No escatimará recursos en ello. En este escenario emergen fuerzas antihegemónicas contra el capitalismo global; su nacimiento está lleno de vicisitudes, pero algo las une: tratar de recuperar los espacios públicos clausurados por el totalitarismo invertido y cedidos a los mercados, como la política, la educación, la vivienda o la salud.

Dichos movimientos sociales no son una panacea, pero forman parte de la insurgencia ciudadana por rescatar la acción política en manos de una cúpula de crápulas y mercaderes. El malestar está servido para el nacimiento de nuevos movimientos sociales. El capitalismo depredador y el totalitarismo invertido es el campo de batalla donde el movimiento democrático alternativo construye su estrategia y define la alternativa anticapitalista.

---

[15] Pablo González Casanova, «La Guerra del capitalismo», conferencia pronunciada en la Facultad de Ciencias Políticas y Sociología de la Universidad Complutense de Madrid (6 de octubre de 2011). Inédito.

CAPÍTULO II

CÓMO EXPLICAR LA INSURGENCIA CIUDADANA. EL RESCATE DE LA POLÍTICA

La crisis financiera, la corrupción y las tropelías urdidas para desarticular el Estado del Bienestar desnudan al capitalismo. Atrás quedó el tiempo donde las burguesías y las elites empresariales se ponían como metas la inclusión social. El edificio levantado en los países centrales tras la Segunda Guerra Mundial se ha derrumbado y con él las políticas públicas redistributivas, políticas cuyo mayor éxito fue promover la incorporación de las clases trabajadoras al sistema democrático representativo bajo el eufemismo de crear sociedades de clase media.

Los trabajadores de los países capitalistas industriales vieron mejorar sus condiciones de vida, al tiempo que la sociedad de consumo de masas se convertía en la panacea gracias, entre otras cosas, al acceso al crédito y a la estabilidad financiera y laboral con mejores sueldos y salarios. La universalización de la educación pública gratuita y una cobertura sanitaria amplia para las clases trabajadoras fueron los logros más relevantes del Estado keynesiano. Los hijos de las clases trabajadoras vivirían mejor que sus padres y sus abuelos. La universidad perdió, en parte, su halo aristocrático; los años sesenta del siglo XX vivieron las revueltas estudiantiles y las reformas democráticas en su interior. Una proporción elevada de los sectores medios pudo cumplir el anhelo de ascenso social por vía de la obtención de títulos profesionales; un sistema de becas hizo el resto.

El cambio social se institucionalizaba y el fantasma de la revolución se alejaba del horizonte. La consolidación de una nueva clase obrera, menos refractaria a la negociación colectiva, se articulaba en torno a unas relaciones sociolaborales donde primaba el diálogo frente a la huelga salvaje o la lucha directa. La huelga perdió protagonismo en favor de mesas para la negociación colectiva; los trabajadores lograban ampliar sus derechos sociales y laborales a cotas impensables a principios del siglo XX. Trabajo estable, reducción de la jornada laboral, vacaciones pagadas, seguridad social, jubilación y, en el horizonte, la sociedad del pleno empleo.

Aunque solo fuese realidad en los países centrales, y se manifestara residualmente en la periferia, la sociedad de las clases medias parecía un hecho consumado. El capitalismo entró en su edad de oro. La política ocupaba un papel central, los partidos políticos, sean conservadores, liberales, socialdemócratas, socialistas o comunistas, eran organizaciones con alto nivel de militancia. Eran instituciones respetables. Participar en política era un plus ciudadano y se valoraba como servicio público en la mejora del bien común.

La alegría duró poco. Bastaron tres décadas para dar al traste con esta ilusión. La primera crisis, en los años setenta del siglo XX, hizo tambalearse los cimientos del Estado del Bienestar. Lentamente, el mito inclusivo del capitalismo irá perdiendo fuerza, en pro de una concepción menos idílica y excluyente. El liberalismo económico entró en escena, sus defensores más furibundos pedían a gritos reformas estructurales y los grupos conservadores solicitaban la clausura de la política inclusiva. Así, se iniciaba un nuevo ciclo en la historia del capitalismo. La inflación y el desempleo hicieron su aparición. El ataque a las clases trabajadoras se concretó en despidos masivos, cierres de empresas, reconversión industrial y pérdida de derechos sociales. La relación capital-trabajo se redefinía y el mercado se imponía al Estado en la asignación de los recursos y la creación de riqueza. Lentamente, el capitalismo fue mutando en su estructura y organización, el objetivo era ahora seguir garantizando unas relaciones sociales de explotación y aumentar su tasa de ganancia.

La crisis es, pues, la transformación del modelo de acumulación. Su resolución no pasa por resolver de forma inmediata aquellos factores que inciden negativamente sobre la fuerza de trabajo: el desempleo y el deterioro de las condiciones salariales. Por el contrario, pasa por una remodelación del mercado de trabajo cuyo objetivo fundamental es la disolución de sus rigideces. Dos son los puntos de reactivación económica. Uno, es el control de la inflación. Una de las condiciones para ello es la reducción de la intervención del Estado. Otro, la reestructuración de todo el sistema productivo[1].

Lentamente, los derechos sociales, políticos y económicos ganados con sangre durante más de dos siglos por las clases trabajadoras se esfumaban. Las huelgas salvajes se rescataron del arcón y se emprendió una dura batalla. Los años setenta y ochenta, hasta la caída del muro de Berlín, conllevaron una guerra abierta. El embate a las fuerzas sociales de izquierdas ganó terreno en los estertores de la Guerra Fría. El neoliberalismo copó todos los espacios y la nueva derecha entro en escena. Con el trascurrir de los años, se desmontó el Estado del Bienestar. Las batallas libradas por las clases trabajadoras para impedir los recortes salariales, los despidos masivos, la reconversión industrial, la privatización, la flexibilidad laboral, la desregulación y el empleo basura se multiplicaban y el resultado era siempre la derrota.

Se atacó a los sindicatos, a los partidos de izquierda y a todo cuanto oliera a participación democrática. Ni la caída de las dictaduras en los años ochenta del siglo pasado o el regreso de la socialdemocracia al poder en algunos países centrales modificó la hoja de ruta. La política fue perdiendo su centralidad y se convirtió en un adminículo del mercado. El capitalismo se reinventó a sí mismo, iniciando una nueva era bajo la ideología de la globalización. Ya nada volvería a ser como antes, la nostalgia se apoderó del espíritu de la izquierda.

Han pasado cuatro décadas, un nuevo siglo rige el tiempo y el capitalismo de mercado ha entrado en crisis. Los augurios del fin de la historia y el nacimiento de una nueva era de progreso y bienestar han quedado reducidos a una quimera febril. Ninguna de las

---

[1] Andrés Bilbao, *Obreros y ciudadanos. La desestructuración de la clase obrera*, Madrid, Trotta, 1993, p. 45.

propuestas sociales del neoliberalismo se ha cumplido, ni más libertad, ni mejor calidad de vida, ni más democracia política, ni mayores espacios de participación ciudadana. Salvo para las clases dominantes y elites financieras e industriales, el mundo ha retrocedido en la calidad de la democracia, afectando incluso a sus formas representativas. El mejor ejemplo lo constituye la manera como han actuado las instituciones de la Unión Europea y los organismos internaciones como el Banco Mundial y el Fondo Monetario Internacional en Grecia y en Italia para salvar el «Euro». Ni elecciones ni referéndum. Ambos presidentes de gobierno han sido reemplazados por representantes directos de los bancos, sin pasar por las urnas. Papandreu no pudo convocar a un referéndum; llamado al orden, le ha sucedido Lukas Papadimos, exvicepresidente del Banco Central Europeo. Un desafecto de la política, cuyo primer paso ha sido integrar al partido LAOS, organización neofascista al proyecto de salvación nacional. En Italia, el ya defenestrado y corrupto Berlusconi ve cómo su cargo lo ocupa Mario Monti, un asesor de Goldman Sachs, buen amigo de banqueros, también crítico de la actividad política, pero con una diferencia, su poder real no ha sucumbido.

La crisis destapó el frasco de las esencias del neoliberalismo, profundizando las desigualdades sociales y consolidando un proyecto neooligárquico excluyente, cuyo resultado es una mayor concentración del poder económico y político en pocas manos. Ya ni siquiera guardan las formas, la democracia representativa es un obstáculo para imponer sus designios. En medio de este proceso, la recesión se extiende por todo el mundo y no tiene visos de solución a corto plazo.

El retorno de la sociedad dual se otea en el horizonte del medio plazo, al menos si no cambian los planes diseñados por las grandes corporaciones transnacionales y los organismos que controlan la marcha del mundo, la OMC, el G-20, la OCDE, el Banco Mundial, el Fondo Monetario Internacional y la OTAN. En este contexto, tampoco los llamados países emergentes, China, Brasil, Rusia e India proponen un modelo alternativo. Más bien siguen los mismos derroteros. Sobreexplotación, liberalización de los mercados, desregulación, privatización y descentralización productiva. Son herederos del mismo modelo de desarrollo capitalista, afincado en la economía de mercado. De continuar en esta dirección podemos asistir al colapso de la civilización industrial:

> Los escenarios más probables en las próximas décadas, como resultado de la huída hacia adelante del actual capitalismo global, serán la quiebra del mismo como sistema mundial, primero, y la aparición de nuevos capitalismos regionales planetarios, después, si bien de muy distinta naturaleza [...] Sobre todo por los límites energéticos, ecológicos y climáticos que se encontrará el sistema en esta deriva suicida. La quiebra del capitalismo global y la irrupción de nuevos capitalismos regionales planetarios, en fuerte competencia entre sí, implicarán un creciente caos sistémico y rivalidad abierta por las materias primas y mercados entre los principales actores estatales mundiales, aparte de una creciente competencia no reglada y conflictiva entre los mismos, que puede llegar a la guerra abierta por los recursos y el establecimiento por la fuerza de áreas de influencia. Una repetición quizá de las rivalidad interimperialista de principios del siglo XX, pero condicionada también por el paso de una sociedad industrial en auge hasta ahora, y de la abundancia, a distintas sociedades industriales de la escasez y en declive[2].

El malestar crece y se multiplica. La sociedad de clases medias es un mito y las revueltas se suceden una tras otra. Por primera vez se observa con horror un deterioro en la calidad de vida. Es muy posible que las siguientes generaciones vivan en peores condiciones que sus predecesores. Frente a este futuro poco halagüeño se levantan las protestas y se articulan las demandas de un cambio social emancipador y democrático radical. Los niveles de

---

[2] Ramón Fernández Durán, *La quiebra del capitalismo global: 2000-2030*, Madrid, Libros en Acción, [2]2011, pp. 50 y ss.

insatisfacción crecen y son muchas las maneras de solicitar el fin de esta locura.

Se trata de rescatar la política, vestirla de gala, devolverle su identidad: el ser una acción social colectiva destinada a lograr el bien común, cuyos protagonistas son ciudadanos con poder para tomar decisiones y construir futuro. En esta propuesta se reconocen los movimientos políticos y sociales de última generación. Unos solicitando el fin de regímenes autocráticos, caudillistas o personalistas, como en Marruecos, Túnez, Egipto o Siria, y otros, luchando por revertir las consecuencias del neoliberalismo, en España, Francia, Grecia, Gran Bretaña, Portugal, Islandia y la mayoría de los países de Europa occidental. Sin olvidarnos de aquellos países que en América Latina han emprendido un camino paralelo, Cuba, Bolivia, Ecuador o Venezuela, y otros como en Chile, cuna del moderno sistema neoliberal, enfrentado a una desigual lucha por recuperar su memoria histórica, en medio de una amnesia colectiva.

En esta amalgama sobresale la crítica al sistema financiero, las concesiones realizadas a la gran banca, la pérdida de derechos sociales o los desahucios. Esta perspectiva la vemos emerger en los movimientos ciudadanos transversales que se reconocen en la lucha contra la corrupción, el abuso de poder, el control informativo y la defensa del medio ambiente y la naturaleza. Es en esta heterogeneidad donde se abre la posibilidad teórica y política de analizar y comprender la toma de las plazas públicas, las marchas por la dignidad y las demandas por un orden más justo, igualitario y democrático.

En este momento, son muchos los teóricos e ideólogos del sistema que reducen los nuevos movimientos a un problema nacido del uso social, abierto, de la red, haciendo ver que el desborde político se puede etiquetar como un movimiento de internautas. Son muchos quienes se decantan por esta opción, revolucionarios, blogueros *ad hoc*. Jóvenes conectados a internet, configurando nodos desde los cuales llaman a la insurrección, la insumisión o la desobediencia civil.

Curiosamente, esta visión simplista e interesada, es desmentida por Camila Vallejo, presidenta de la Federación de Estudiantes de la Universidad de Chile, dirigente cuyo protagonismo sobrepasa las fronteras de su país, en cuanto la lucha de los estudiantes chilenos por una educación de calidad y cambiar el modelo neoliberal de enseñanza es un referente para los nuevos movimientos sociales. En una entrevista concedida al periódico digital de México *Desinformémonos* contesta así a la siguiente pregunta: «¿Qué lugar ocupa la tecnología en la vida cotidiana de los jóvenes chilenos? ¿Qué valor dan ustedes a las redes sociales? ¿Han sido realmente importantes para este movimiento?»:

> Son una herramienta dinamizadora de los flujos de información, de las convocatorias. Creo que han permitido una mayor fluidez pero no han sido un factor determinante para la articulación de un movimiento amplio y masivo. Creo que eso se trabaja en el seno de la organización, de una forma personalizada. Es decir, este movimiento no se levantó gracias a las redes sociales, se levanta la construcción que viene desarrollándose desde hace muchos años. Son las organizaciones, es su maduración política orgánica, la articulación que se ha generado con otros espacios. El rol de las redes sociales ha sido dinamizar, pero no para construir el movimiento; la construcción ha sido del trabajo personal, no mediatizado por Facebook, ni Internet, o Twitter[3].

Pero desenmascarar esta posición no es fácil, cuenta con muchos adeptos. Los encargados de ponerla en circulación son los llamados por el Subcomandante Insurgente Marcos especialistas en producir teoría chatarra, que

> como la comida ídem, no nutre, solo entretiene [...] Cuando estos expendedores de teoría chatarra miran hacia otras partes del mundo

---

[3] Camila Vallejo, «Esta lucha no es solo de los chilenos, sino de todos los jóvenes del mundo», *Desinformémonos.org* 26 (diciembre de 2011) [http://desinformemonos.org/2011/11/%E2%80%9Cesta-lucha-no-es-solo-de-los-chilenos-sino-de-todos-los-jovenes-del-mundo%E2%80%9D-camila-vallejo/]

y deducen que las movilizaciones que derrocan gobiernos son productos de celulares y redes sociales, y no de organización, capacidad de movilización y poder de convocatoria, expresan, a más de una ignorancia supina, el deseo inconfeso de conseguir, sin esfuerzo, su lugar en «la Historia». «*Twittea* y ganarás los cielos» es su moderno credo[4].

Queda dicho, se trata de otro problema. Organización, capacidad de convocatoria, movilización y, si se me permite agregar, los atractores o desencadenantes no previstos mencionados anteriormente. Es obligado proponer una explicación menos ligada a la sociedad espectáculo y la teoría chatarra. Sirva como punto de partida, el ejemplo de gota de agua que rebasa el vaso. Si nos quedamos en la superficie del fenómeno, podemos mirar al techo y ver cómo se crea, producto de la condensación una gota, que en su recorrido cae inesperadamente sobre el vaso, derramando su contenido. Sin duda, podemos realizar una excelente descripción analítica, paso a paso, pero este camino no es una buena opción.

Si realmente queremos acercarnos al fenómeno, debemos considerar el contexto y preguntarnos cómo se fue llenando el vaso, que fuerzas coadyuvaron, y la dimensión espacio temporal donde se encuentra. Max Weber fue muy claro en la crítica a la superficialidad de las explicaciones de los hechos contingentes. Para evitar ser presa del empirismo abstracto, solventó el problema afirmando que si bien todo hecho supone estar en presencia de una verdad particularmente evidente, no toda verdad particularmente evidente es explicación causal del hecho. Resultaría estéril centrar la atención en el ángulo de caída de la última gota o apoyarse en las matemáticas probabilísticas para determinar cuándo y bajo qué condiciones se produjo, favoreciendo un modelo predictivo para otros casos similares. Lo realmente importante es que el vaso se encon-

---

[4] Subcomandante Insurgente Marcos, «De la reflexión crítica, individu@s y colectiv@s» (Carta segunda del intercambio epistolar sobre ética y política); en *Rebeldía* 77/9 (mayo de 2011), México [http://revistarebeldia.org].

traba lleno y al borde de la saturación. La última gota responde a lo que Aristóteles denominó, con acierto, futuros contingentes. Es el conjunto de causas lo que hace que el orden complejo pueda desarrollar los atractores que determinan el cambio de la situación política. Las actuales movilizaciones son el resultado de un lento proceso donde se reúnen fuerzas y experiencias. Cuando se reivindica democracia, libertad y justicia, y se protesta contra la corrupción de los partidos políticos, el poder omnímodo de banqueros, el capital financiero, las políticas de ajuste, el paro juvenil, el sistema electoral, la privatización de la salud, la enseñanza o el calentamiento global se desnudan sistemas políticos donde prima la injusticia, la desigualdad y la explotación. En estas reivindicaciones hay historia, un largo camino que han recorrido los movimientos sociales ciudadanos en las luchas políticas y sociales. La memoria colectiva es el punto de inflexión que facilita una respuesta al desarrollo de movimientos tan desiguales y contradictorios como el que constituyen los mal llamados «de indignados».

Tras la superficie de las protestas, no hay espontaneísmo, fluye una corriente profunda que nutre y da fuerza a esta pléyade de reivindicaciones. Las aguas circulan bajo la forma de hartazgo, de rabia. El descontento se exterioriza, el malestar aflora a la superficie. El resultado inmediato es la necesidad de recuperar los espacios públicos. Se toman las plazas, espacios con un fuerte contenido político y social donde se juntan tradiciones y momentos constituyentes de soberanía y libertad. Expresan un momento constituyente, articulador de ciudadanía. En ellas se construye la democracia como una práctica plural del control y ejercicio del poder, al tiempo que se demanda libertad, justicia y dignidad.

A pesar de los problemas que conlleva encuadrar movimientos tan heterogéneos como los actuales –mediáticamente etiquetados como «indignados»– como parte de un proceso de rescate de la política, el esfuerzo es necesario para comprender su alcance y expectativas. No se trata de justificar su emergencia y mostrar sus carencias, sino comprenderlos, no diseccionarlos como si se trata-se de bichos raros. Hay que desenredar la madeja, encontrar el hilo conductor capaz de explicar su desarrollo, alcance y perspectivas, en el interior del pensamiento crítico.

Si aceptamos esta premisa, podemos argumentar que estamos en presencia de movimientos sociales ciudadanos; su espacio constituyente es lo político, entendido como un campo de fuerzas que busca direccionar la realidad a contracorriente. Su formación se vincula a una acción defensiva contra el Estado neoliberal, los poderes económicos y las trasnacionales. En otras palabras, son una respuesta orientada, que transforma, aunque su objetivo no es disputar el poder, el orden político por medio de prácticas democráticas y comportamientos éticos.

Bajo el paraguas del totalitarismo invertido, son pocos los espacios para la constitución de movimientos sociales ciudadanos democráticos de amplio espectro. Por el contrario, el Estado los persigue y reprime, cerrando cualquier rendija por donde se puedan colar y desarrollar su actuación. En este caso, su emergencia incide directamente en el corazón del sistema y afecta toda la organización, sus estructuras sociales, simbólicas y de poder.

Uno de los movimientos sociales ciudadanos cuya repercusión se ha considerado «prototipo» es el representado por el 15-M. Convertido en paradigma, su presencia ha traído nuevos aires al quehacer de la política en España y se proyecta como el nombre de Spanishrevolution. Con asambleas y comisiones de trabajo en barrios y pueblos, se ve acompañado de un lenguaje propio capaz de darle una fisonomía propia de la cual se reivindican sus miembros.

Si solo fuese por lo apuntado, deberíamos darle la bienvenida. Quienes participan de su entramado han tenido la virtud de resucitar el sentido ético de la política. Rescatarla de las garras del mercado y devolverle la centralidad, que nunca debió perder, en favor del poder económico. No son apolíticos, ingenuos ni utópicos, aunque en su interior viva la utopía. El movimiento 15-M piensa y practica la acción política desde abajo y a la izquierda. Rompe el círculo hegemónico de los partidos y los movimientos político-sociales tradicionales, los sindicatos y las ONGs. Sin despreciarlos, busca confluencias, puentes. No debemos olvidarnos que muchos de los integrantes del 15-M pertenecen a partidos de la izquierda anticapitalista, sindicatos anarquistas, autogestionarios y a Izquierda Unida. Pero su ritmo vital es otro, lo cual genera conflictos, incomprensiones y rechazo. Este condicionante forma parte del 15-M y se expresa en una manera diferente de practicar la política. Conviven desafectos, militantes, apartidistas, cuadros sindicalistas, anarquistas, socialistas, comunistas, ateos, agnósticos y cristianos. Todo suma cuando se trata de acotar las propuestas y voluntades. Así, se han creado comisiones abiertas de economía, de problemas jurídicos, de género, de organización, de largo plazo, de educación, de cultura y de comunicación, entre otras. En su interior se aprueban y presentan conclusiones, ya sea en las asambleas de barrio o en la General de Madrid, cuyo centro neurálgico sigue siendo la Puerta del Sol. Esta manera de proceder se puede extrapolar a todo el Estado español, según la experiencia en las diferentes comunidades autónomas, barrios y ciudades donde está presente el 15-M, el método se adecua a las circunstancias. De esta manera se logró, a pocos días de poner en marcha el 15-M, el 20 de mayo de 2011, el primer gran consenso de Acampadasol, los 16 puntos considerados el «manifiesto fundacional».

1. Cambio de la Ley Electoral para que las listas sean abiertas y con circunscripción única. La obtención de escaños debe ser proporcional al número de votos.
2. Atención a los derechos básicos y fundamentales recogidos en la Constitución, como son:
   – Derecho a una vivienda digna, articulando una reforma de la Ley Hipotecaria para que la entrega de la vivienda en caso de impago cancele la deuda.
   – Sanidad pública, gratuita y universal.
   – Libre circulación de personas y refuerzo de una educación pública y laica.

3. Abolición de las leyes y medidas discriminatorias e injustas como son la Ley del Plan Bolonia y el Espacio Europeo de Educación Superior, La ley de Extranjería y la conocida como Ley Sinde.
4. Reforma fiscal favorable para las rentas más bajas, una reforma de los impuestos de patrimonio y sucesiones. Implantación de la tasa Tobin, la cual grava las transferencias financieras internacionales y supresión de los paraísos fiscales.
5. Reforma de las condiciones laborales de la clase política, aboliendo los sueldos vitalicios: que los programas y las propuestas políticas tengan carácter vinculante.
6. Rechazo y condena de la corrupción. Que sea obligatorio por la ley electoral presentar unas listas limpias y libres de imputados o condenados por corrupción.
7. Medidas plurales con respecto a la banca y los mercados financieros en cumplimiento del artículo 128 de la Constitución, que determina que «toda la riqueza del país en sus diferentes formas y sea cual fuere su titularidad está subordinada al interés general». Reducción del poder del FMI y del BCE. Nacionalización inmediata de todas aquellas entidades bancarias que hayan tenido que ser rescatadas por el Estado. Endurecimiento de los controles sobre entidades y operaciones financieras para evitar posibles abusos en cualquiera de sus formas.
8. Desvinculación verdadera entre la Iglesia y el Estado, como establece el artículo 16 de la Constitución.
9. Democracia participativa y directa en la que la ciudadanía tome parte activa. Acceso popular a los medios de comunicación, que deberán ser éticos y veraces.
10. Verdadera regularización de las condiciones laborales y que se vigile su cumplimiento por parte de los poderes del estado.
11. Cierre de todas las centrales nucleares y la promoción de energías renovables y gratuitas.
12. Recuperación de las empresas públicas privatizadas.
13. Efectiva separación de poderes ejecutivo, legislativo y judicial.

14. Reducción del gasto militar, cierre inmediato de las fábricas de armas y un mayor control de las fuerzas y los cuerpos de seguridad del Estado. Como movimiento pacifista creemos en el «No a la Guerra».
15. Recuperación de la memoria histórica y de los principios fundadores de la lucha por la democracia en nuestro Estado.
16. Total transparencia de las cuentas y de la financiación de los partidos políticos como medida de contención de la corrupción política.

Sobre sus cimientos se han ido levantando consensos no menos importantes, aunque las discrepancias afloran, como se observa en el caso de la propuesta realizada por la Comisión de Economía y que no contó con el visto bueno de Acampadasol[5].

---

[5] Cuando se acusa al 15-M de no tener propuestas, cobra mayor importancia relevar esta propuesta. Por ello se detallan a continuación solo sus enunciados, abstrayendo el desarrollo interno de cada uno de ellos. Veamos: 1. Sometimiento a referéndum vinculante la última reforma laboral y de pensiones; 2. Reducción efectiva de la jornada y de la vida laboral; 3. Dación en pago para saldar la deuda hipotecaria de las familias en condiciones de precariedad y paralización de los desahucios; 4. Creación de un parque de vivienda público en régimen de alquiler social; 5. Incremento de los ingresos fiscales mediante la profundización en la progresividad del sistema fiscal y la lucha contra el fraude; 6. Prohibición de expedientes de regulación de empleo en empresas con beneficios; 7. Someter a referéndum vinculante un eventual rescate y cualquier medida de ajuste o recorte impuestos por organismos internacionales; 8. Paralización inmediata del expolio y privatización de las cajas de ahorro y reforzar el sistema financiero público bajo control social; 9. Control democrático y transparencia de las actividades bancarias públicas y privadas; 10. Abolición de los paraísos fiscales; 11. Crédito público para las pequeñas y medianas empresas; 12. Cumplimiento de la ley de pronto pago; 13. Moratoria del pago de la deuda externa de países terceros con el Estado español hasta la realización de una auditoría integral por expertos independientes y agentes sociales; 14. Moratoria del pago de la deuda externa pública del Estado español hasta la realización de una auditoría integral; 15. Cumplimiento por parte de las empresas transnacionales de titularidad y capital español de la legislación más garantista en materia de derechos; y 16. implantación de un sistema de impuestos global orientado que garantice una redistribución progresiva de los recursos a nivel global.

La búsqueda de consensos desde abajo es una experiencia donde se reconoce la ciudadanía. Las convocatorias de asambleas en los barrios son seguidas por jóvenes, mujeres, ancianos, profesionales, trabajadores o intelectuales. Su desarrollo es una escuela de hacer política y democracia participativa. En las plazas se entrecruzan diferentes tradiciones. Nos encontramos con militantes acartonados y esquemáticos que sufren el rechazo y son arrinconados. Igualmente, hay inexpertos retoños en el arte de la política que se gradúan haciendo uso la palabra y pierden el miedo, son protagonistas. Jubilados, trabajadores en paro, amas de casa, estudiantes, todos participan y aportan. Discursos diferentes y relatos distintos favorecen un acuerdo de mínimos. En ocasiones también surge el tedio. Debates interminables obligan a limitar los tiempos y no dilatar en exceso las asambleas. Pero algo les es común a todos, la crítica a una manera corrupta de hacer la política. Las intervenciones bien podrían servir como ejemplo para parlamentarios cuyos debates son aburridos y encopetados.

En las asambleas unos y otros respetan el turno, no se insultan, ni descalifican. Nadie puede ser interrumpido en el uso de la palabra. Como bien reza uno de sus frases: «perdonen las molestias, estamos construyendo la democracia». Los personalismos se combaten bajo el esquema de portavoces rotativos. En el nuevo ágora no sirven los galones del partido, el estatus social o el apellido. La política está ligada a resolver problemas reales del barrio. La ciudad se redefine. Las plazas públicas dejan de ser expresión de monumentos turísticos. Resulta aleccionador y gratificante, observar cómo, mientras unos niños juegan alrededor de la plaza, las madres, los inmigrantes, jóvenes y transeúntes escuchan los debates, haciéndose corrillos de cien o más personas, según sea el caso y el tema tratado.

Sentados en las aceras, en bancos o portando sillas plegables, los participantes abordan los problemas de manera trasparente. Es una forma de crear una cultura cívica democrática. Temas como la crisis financiera, el desempleo, la corrupción, el aborto, la guerra o el cambio climático son el pretexto para tomar la plaza y convocar a cine fórum y debates.

La ocupación del espacio público, hoy en día, no es simplemente una cuestión táctica, sino un ataque frontal al modelo de ciudad realmente existente, en la que el espacio público se ha convertido en una interzona de una capa metropolitana inacabable donde el ciudadano pasivo, el ciudadano consumidor pasa para acudir al último bar de moda o el centro comercial. Por lo tanto su recuperación es, en sí misma, la negación de un modelo de ciudadanía y la reivindicación de otro: el del ciudadano crítico[6].

---

[6] Aitor Romero Ortega, «Reflexiones accidentales sobre el Movimiento 15-M», en AA. VV., *Hablan los Indignados. Propuestas y materiales de Trabajo*, Madrid, Editorial Popular, 2011, p. 25.

CAPÍTULO III

¿QUIÉNES SON LOS INDIGNADOS?

Como una forma de calificarlos, los medios de comunicación, no desinteresadamente, les han colgado el mote de «indignados».

Un buen observador del 15-M, entre sus apuntes, destacó: «No encuentro a nadie en el campamento que se describa a sí mismo como "indignado". Es una etiqueta mediática, no un gesto de autorrepresentación»[1].

Pero el apelativo ganó fuerza y se impuso. No sin causa justificada esta definición mediática se hizo coincidir con el título del folleto escrito por Stéphane Hessel, *Indignaos*, cuyo subtítulo apostilla: *Un alegato contra la indiferencia y a favor de la insurrección pacífica*. Su objetivo, exhortar a la juventud de Francia a tomar partido contra la infamia mundial. Hessel, con noventa y tres años, no es un advenedizo, formó parte de la resistencia antinazi. Fue encarcelado en el campo de concentración de Buchenwald hasta el final de la Segunda Guerra Mundial, al haber trabajado junto al General Charles De Gaulle. Una vez concluida la guerra, De Gaulle le nombró embajador de Francia en Naciones Unidas y, como tal, participó en la comisión redactora de la Carta Universal de Derechos Humanos de 1948. Desde los años setenta su nombre está vinculado a la defensa de los derechos del pueblo Palestino.

Su ensayo *Indignaos*, es un recordatorio a la necesidad de luchar, resistir y compartir las esperanzas. A los pocos meses de ser editado, había sido leído por cientos de miles de franceses. Su carácter local comenzó a traspasar fronteras. Lo que en principio fue una advertencia, acabó siendo interpretado como un manifiesto de la conciencia.

---

[1] Amador Fernández-Savater, «apuntes de acampadasol», en *Las Voces del 15-M*, Barcelona, Los libros del lince, 2011, p. 73.

El escrito de Hessel representa un punto de inflexión entre el desanimo, la apatía y el devenir de un nuevo movimiento ciudadano capaz de constituir una insurrección pacífica. Su propuesta llama a indignarse, romper la indiferencia y posicionarse contra el Estado de Israel por sus actos de terrorismo cometidos contra la población palestina de Gaza y Cisjordania[2]. Los motivos que, a juicio de Hessel, obligan a la juventud francesa y del mundo a indignarse y romper la indiferencia se encuentran en la dinámica del actual sistema político. Hessel es consciente de la dificultad que supone encontrar causas nítidas para la indignación en una sociedad complaciente:

> Es cierto, las razones para indignarse pueden parecer hoy menos nítidas o el mundo, demasiado complejo. ¿Quién manda?, ¿quién decide? No siempre es fácil distinguir entre todas las corrientes que nos gobiernan. Ya no se trata de una pequeña elite cuyas artimañas comprendemos perfectamente. Es un mundo vasto, y nos damos cuenta de que es interdependiente. Vivimos en una interconectividad como no ha existido jamás. Pero en este mundo hay cosas insoportables. Para verlo, debemos observar bien, buscar. Yo les digo a los jóvenes; buscad un poco, encontraréis. La peor actitud es la indiferencia, decir «paso de todo, ya me las apaño». Si os comportáis así, perdéis uno de los componentes indispensables: la facultad de indignación y el compromiso que sigue. Ya podemos identificar dos grandes desafíos: 1) la inmensa distancia que existe entre los muy pobres y los muy ricos, que no para de aumentar. Es una innovación de los siglos XX y XXI. Los que son muy pobres apenas ganan dos dólares al día. No podemos permitir que la

---

[2] Existen ediciones en todas las lenguas. Su lectura fue un atractor para promover la lucha contra la indiferencia apostando por la insurrección pacífica. En Francia vendió más de un millón y medio de ejemplares en menos de un año. En España, su primera edición de febrero de 2011 pasó casi inadvertida. Después del 15-M se vendía en centros comerciales como El Corte Inglés o Vips, pero también estaba en los escaparates de las librerías convencionales. Transformado en un *best seller*, ha superado, sin dudas, las expectativas que su autor tuvo al redactarlo.

distancia siga creciendo. Esta constatación debe suscitar de por sí un compromiso. 2) Los derechos humanos y la situación del planeta [...][3].

Para los teóricos del pensamiento chatarra, el exhorto de Hessel tiene un destinatario único, la juventud francesa y solo marginalmente hace referencia a la juventud mundial. De tal manera que el movimiento de indignados se corrompe si en él se incorporan trabajadores, parados, amas de casa, inmigrantes, profesionales, artistas y representantes de la cultura y militantes con adscripciones políticas. Para ser indignado hay que ser químicamente puro, joven, apartidista, crítico del poder y respetuoso del sistema.

Este reduccionismo distorsiona el movimiento ciudadano de los «indignados» y lo condena a expresar el descontento de una juventud díscola que no encuentra lugar en el mundo adulto. Interesadamente, se la compara con el movimiento *hippie* y pacifista propio de los años sesenta del siglo XX. Las analogías con el mayo francés de 1968 o las grandes protestas contra el imperialismo norteamericano por los bombardeos y la invasión de Vietnam, Laos y Camboya se han vuelto recurrentes.

En esta perspectiva, luchar por abrir espacios de libertad y construir una democracia participativa real, supone entrar en otro nivel de protestas, la antisistémica y anticapitalista, cuya barrera traspasa lo generacional. Algo que está presente en el movimiento de indignados, lo cual no supone desconocer el rol destacado de la juventud en su impulso y posterior desarrollo.

En España, el paro juvenil sobrepasa el 40 por 100 y las expectativas de encontrar un trabajo digno son escasas. La flexibilidad del mercado laboral, la falta de vivienda social, el empleo basura, el despido libre y bajos salarios, constituyen el marco social en el cual trascurre su cotidianidad. La juventud es uno de los colectivos más numeroso y combativo presente en los «indignados».

Sin embargo, las actuales formas de rebeldía incorpora a sectores sociales que han visto cómo sus condiciones de vida se dete-

---

[3] Stéphane Hessel, *op. cit.*, pp. 32 y 33.

rioran, pierden derechos y no encuentran salida en el corto y medio plazo. Descreídos de las oportunidades del capitalismo, sus esperanzas ya no tienen cabida en un orden social excluyente. En su condición de excluidos reniegan del capitalismo. Los grupos más destacados que se han sumado al 15-M son parados de larga duración, trabajadores precarios, profesionales que buscan su primer empleo, inmigrantes sin papeles, intelectuales y sectores medios pauperizados. Muchos de ellos han perdido su trabajo, sufren despidos, recortes en las prestaciones sociales y se ven abocados a un futuro incierto. Sin ahorros, no pueden pagar los préstamos, las hipotecas ni acceder al crédito. Así ven cómo los bancos se quedan con sus viviendas, generalizándose los desahucios. Muchos de los afectados por esta nueva realidad se han visto abocados a vivir en chabolas, ser recibidos por parientes y familiares, acudir a la beneficencia y dormir en albergues o transformar sus coches en vivienda de emergencia.

Este contexto propicia la emergencia de conductas autoritarias, xenófobas y racistas que arrinconan la democracia en beneficio de la instauración de regímenes neooligárquicos y populistas. Frente a esta realidad, los nuevos movimientos ciudadanos organizan su respuesta. No es indiferente a todo ello que se convocara, en más de ochenta países, una manifestación el 15 de octubre de 2011 con el lema unitario «democracia real ya». En más de mil ciudades de todo el mundo, cientos de miles los ciudadanos tomaron las calles y las plazas denunciando la impunidad del capital financiero para robar y la complicidad de un poder político entregado a sus designios. Si hay algo que unió las manifestaciones fue la crítica descarnada al poder omnímodo y arbitrario del capitalismo depredador, apoyado en la razón de Estado.

Reivindicar «democracia real ya», no es un contrasentido en medio de la corrupción, el aumento de las desigualdades sociales, las guerras interimperialistas y el superpoder desmedido de los bancos y el capital financiero, cuyo chantaje a los poderes públicos para recibir más dinero público y disfrutar de lisonjas económicas se extiende en todo el mundo.

Pero si hay coincidencia en los movimientos de indignados, también existen diferencias entre ellos. Historias disímiles provocan procesos sociales contradictorios. La lucha de los estudiantes chilenos no son producto de «indignados», es parte consustancial al fracaso del modelo educativo y las políticas privatizadoras puestas en práctica hace ya cuarenta años. Otro tanto sucede en los países latinoamericanos que se han sumado a las convocatorias del 15 de octubre. Lo que les une es la crítica al neoliberalismo y la exclusión social y política de las grandes mayorías en el proceso de toma de decisiones.

En los países árabes, el origen de las manifestaciones y ocupación de las plazas debe interpretarse como una parte de la lucha ancestral donde se yuxtaponen la cultura musulmana, el panarabismo, la crisis de los movimientos nacionales de liberación, el desarrollo del islamismo político, la existencia de Estados autocráticos, la sempiterna actuación de Estados Unidos en estos últimos cincuenta años, el papel de Israel y el protagonismo zonal de Arabia Saudí y Egipto, por no mencionar las guerras de ocupación, Afganistán, Irak y Libia y la separación momentánea de Siria de la Liga Árabe. Asimismo no podemos dejar de señalar la reasignación de Medio Oriente como región proveedora de petróleo diseñada por Washington. En palabras de Samir Amin, estos condicionamientos otorgan un rasgo distintivo a las movilizaciones que se suceden en el mundo árabe y que atraviesan una fase de su historia caracterizada por la ausencia de proyectos propios[4].

Distancias que deben tomarse en cuenta para no caer en tópicos. Lo cual no supone negar coincidencias y similitudes en muchas de las movilizaciones de los cinco continentes. Algunas frases del 15M se han visto aparecer en Francia, Portugal, Grecia o, más recientemente, en Israel y Estados Unidos: «Democracia, me gustas porque estás como ausente»; «No falta dinero. Sobran la-

---

[4] Véase Samir Amin, ¿*Primavera Árabe? El mundo árabe en la larga duración*, Barcelona, Ediciones Viejo Topo, 2011.

drones»; «No es una crisis, es una estafa»; «No somos antisistema, el sistema es antinosotros»; «Manos arriba, esto es un contrato».

Levantar la bandera de la paz, la libertad y la democracia real, se inscribe en las luchas contra la injusticia, la desigualdad social, la explotación, la destrucción del planeta o la corrupción. Nadie con cierto grado de conciencia social puede permanecer indiferente a las prácticas que despojan al ser humano de su dignidad. Sin embargo, no podemos olvidar la otra cara de la moneda, las grandes inhibiciones morales contra los asesinatos en masa. Los peores momentos de la ignominia política se relacionan con regímenes cuyo estandarte es, y ha sido, la muerte y sus prácticas han contado con la anuencia y complicidad de una parte de la población. ¿Cómo ha sido posible tal monstruosidad?

En este sentido,

> las inhibiciones morales contra atrocidades violentas disminuyen cuando se cumplen tres condiciones, por separado o juntas: la violencia está autorizada (por órdenes oficiales emitidas por los departamentos legalmente competentes); las acciones están dentro de una rutina (creada por las normas del gobierno y por la exacta delimitación de las funciones); y las víctimas de la violencia están deshumanizadas (como consecuencia de las definiciones ideológicas y del adoctrinamiento)[5].

En los centros de exterminio, los campos de refugiados, las cárceles como Guantánamo o las casas de tortura en Argentina, Chile, Uruguay y Paraguay se reconoce un diseño de política. Su existencia forma parte de la modernidad del capitalismo. No son una excepción ni responden a la mente calenturienta de enajenados mentales. No podemos considerar locos a Pinochet, Trujillo, Somoza, Videla, Stroessner o Hitler, ellos legitimaron sus actos con el apoyo de una mayoría silenciosa que prefirió mirar hacia otro lado y una minoría consistente que les dotó de la ideología adecuada para legitimar sus actos. «La visión del asesinato y la des-

---

[5] Zygmunt Bauman, *Modernidad y Holocausto*, Madrid, Sequitur, 1977, p. 27.

trucción disuadió a tantos como inspiró, mientras que la abrumadora mayoría prefirió cerrar los ojos y no escuchar nada. La destrucción masiva no iba acompañada del alboroto de las emociones sino del silencio muerto de la indiferencia.» Hoy estas políticas se han perfeccionado. En Colombia, por ejemplo, durante el gobierno de Uribe, y siendo ministro del Interior el actual presidente Juan Manuel Santos, se incineraron a miles de campesinos con el objetivo de borrar pruebas de las matanzas realizadas por el ejército y los grupos paramilitares, ordenadas en nombre de la «seguridad democrática». En otros casos se prefirió el tiro en la cabeza o enterrarlos en cal viva. Las autoridades políticas de Colombia no han tenido remilgos a la hora de hacer desaparecer los cuerpos de las víctimas. Y cuando las protestas arreciaban, los muertos se transformaron por arte de birlibirloque en guerrilleros caídos en combate. Así nacieron los falsos positivos.

En Chile, país al parecer democrático, se aplica la ley antiterrorista redactada por la dictadura y todavía vigente en 2011, para reprimir, torturar, quitarles sus tierras y desplazar a zonas inhóspitas al pueblo mapuche. Su objetivo, traspasar la propiedad comunal a terratenientes locales y compañías transnacionales interesadas en desarrollar megaproyectos o monocultivos. Es la forma utilizada para torcer el brazo y lograr la sumisión. Son cientos los líderes mapuche encarcelados por los gobiernos postiranía, primero los pertenecientes a la llamada Concertación de Partidos Democráticos y ahora Renovación Nacional y UDI, con el empresario-presidente Piñera a la cabeza. Ninguna de las dos grandes coaliciones políticas ha cejado en su acoso y represión a la población mapuche, valiéndose de cualquier pretexto para entrar en las comunidades y proceder a la detención de sus líderes, destruyendo sus casas y enseres y, de paso, intimidando con matar y violar a mujeres y niños. Se trata de criminalizar sus acciones defensivas y de resistencia.

El aumento de las actividades de movilización, así como la notoriedad pública que alcanzan las acciones de protesta mapuche, determinan que de parte del Ejecutivo, Parlamento chileno y sectores empresariales se adopten medidas para cambiar tal situación. De hecho, parlamentarios representantes de provincias con alta concentración de población mapuche denunciaban la supuesta amenaza de que estaba siendo objeto la seguridad jurídica en la Araucanía, cuestión que vulneraba la vigencia del Estado de derecho[6].

Bajo este paraguas el gobierno del presidente Lagos toma la iniciativa. Ante las preocupaciones de los terratenientes, el entonces ministro del Interior José Miguel Insulza, más tarde Secretario General del la OEA, manda el siguiente oficio a la Comisión del Senado que le interroga sobre el conflicto mapuche:

> Desde el mes de agosto de 2002 hasta mayo de 2003, por instrucciones de este Ministerio, se han presentado 38 querellas criminales y formulado tres denuncias por delitos de robo, lesiones graves, asociación ilícita terrorista, daños, lesiones, incendio terrorista, desórdenes calificados, usurpación, amenazas y tumulto. El gobernador de Malleco es querellante en 23 causas; el gobernador de cautín en 10; el gobernador de Bío-Bío en 2, el gobernador de Arauco en 1; el intendente de La Araucanía en 1 y el subsecretario del Interior en otra[7].

El etnocidio es la palabra exacta para caracterizar estas acciones. A pesar de ello, la resistencia se perpetúa y cobra visos épicos[8].

En Brasil el hostigamiento, persecución y asesinato de los dirigentes de organizaciones ecologistas o pertenecientes al MST durante las últimas décadas muestra el poder de los terratenientes y las empresas dedicadas al cultivo de transgénicos y soja. Si bien el gobierno de Lula de Silva no reprimió directamente, consintió las

---

[6] Eduardo Mella Seguel, *los mapuche ante la justicia. La criminalización de la protesta indígena en Chile*, Santiago de Chile, Editorial LOM, 2007, p. 95.
[7] *Ibidem*, pp. 96 y ss.
[8] Véase Nancy Yañez y José Aylwin (eds.), *El gobierno de Lagos, los pueblos indígenas y el «nuevo trato». Las paradojas de la democracia chilena*, Santiago de Chile, Ediciones LOM, 2007.

acciones que desarrollaron los empresarios agroindustriales y sus cuerpos paramilitares o parapoliciales. Sin duda, es otra forma de ver el problema. Los ejemplos pueden hacerse interminables. En los cinco continentes se han reforzado las medidas policiacas para proteger las propiedades de las corporaciones transnacionales. Asistimos a la consolidación de regímenes excluyentes fundados en el miedo, la censura y la violación de los derechos humanos. A pesar de ello y sin recurrir a la teleología política, no hay orden social asentado en el miedo capaz de vivir cien años, ni resistir incólume las protestas. Tarde o temprano las voces de resistencia acaban por agrietar y derrumbar los diques de contención de la represión. El mundo está plagado de estas experiencias. Desde las guerras de independencia y liberación colonial hasta las insurrecciones en contra los regímenes despóticos.

Hoy, el capitalismo busca sacar fuerzas de flaqueza. En esta guerra global de posiciones uno de los campos de enfrentamiento lo constituye el ideológico. Ganar la batalla de las ideas es prioritario para seguir oprimiendo. Según muestra la historia, cada vez que se invade un país se lanzan panfletos y libelos mostrando lo estéril de cualquier resistencia. Minar la moral, crear confusión, mentir y generar desanimo es parte del manual para desarticular al enemigo e inocularle la idea de derrota.

Despojar al ser humano de atributos, primeramente de su capacidad para pensar, de ser consciente, de tener voluntad y constituye un objetivo político. En esta actividad invierten grandes recursos económicos y tecnológicos. Se trata de evitar por todos los medios el acto reflexivo:

> El momento de la reflexión ante un espejo es siempre un momento muy peculiar porque es el momento en que podemos tomar conciencia de lo que, de nosotros mismos, no nos es posible ver de ninguna otra manera [...] la reflexión es un proceso de conocer cómo conocemos, un acto de volvernos sobre nosotros mismos, la única oportunidad que tenemos de descubrir nuestras cegueras y de reconocer que las certidumbres y los conocimientos de otros son, respectivamente, tan

abrumadoras y tan tenues como los nuestros. Esta situación especial del conocer cómo se conoce resulta tradicionalmente elusiva para nuestra cultura occidental, centrada en la acción y no en la reflexión, de modo que nuestra vida personal es, en general, ciega a sí misma. En alguna parte pareciera haber un tabú: «Prohibido conocer el conocer». Pero en verdad el no saber cómo se constituye nuestro mundo de experiencias, que es el hecho más cercano de nuestra existencia, es un escándalo. Hay muchos escándalos en el mundo, pero esta ignorancia es uno de los peores[9].

El triunfo de una mentalidad sumisa y social-conformista supone ahondar el proceso despolitizante, iniciado en los años setenta del siglo XX, cuando la banca, los empresarios y las transnacionales pasaron a la ofensiva poniendo en circulación el discurso neoliberal creador del pensamiento débil y la posmodernidad. Su caballo de Troya fue introducir el concepto de flexibilidad como parte de un proceso regenerativo de la estructura psíquica del carácter.

En la actualidad, el término flexibilidad se usa para suavizar la opresión que ejerce el capitalismo. Al atacar la burocracia rígida y hacer hincapié en el riesgo se afirma que la flexibilidad da a la gente más libertad para moldear su vida. De hecho, más que abolir las reglas del pasado, el nuevo orden implanta nuevos controles, pero estos tampoco son fáciles de comprender. El nuevo capitalismo es, con frecuencia, un régimen de poder ilegible[10].

En este contexto, la guerra por la palabra cobra vital importancia. El lenguaje ha sido un arma eficaz en la campaña desinformativa y en la creación del pensamiento social-conformista. Conceptos como gobernabilidad, gobernanza, alternancia, globalización, par-

---

[9] Humberto Maturana y Francisco Varela, *El árbol del conocimiento. Las bases biológicas del conocimiento humano*, Madrid, Debate, 1990, p. 19.

[10] Richard Sennett, *La corrosión del carácter. Las consecuencias personales del trabajo en el nuevo capitalismo*, Barcelona, Anagrama, ²2000, p. 10.

tidos *escoba* o *atrápalo todo*, se adueñan de la realidad, del espacio de reflexión teórica y del discurso político. Las palabras adquieren nuevos significados, la realidad se torna borrosa. Fue así como la manipulación fue ganando terreno. Para explicar este proceso Noam Chomsky elaboró una lista de las 10 estrategias de manipulación utilizada por los medios de comunicación social para crear una mentalidad sumisa:

1. La estrategia de la distracción; 2. Crear problemas y después ofrecer soluciones; 3. La estrategia de la gradualidad; 4. La estrategia de diferir; 5. Dirigirse al público como criaturas de poca edad; 6. Utilizar el aspecto emocional mucho más que la reflexión; 7. Mantener al público en la ignorancia y la mediocridad; 8. Estimular al público a ser complaciente con la mediocridad; 9. Reforzar la autoculpabilidad; y 10. Conocer a los individuos mejor de lo que ellos mismos se conocen.

El ataque no ha tenido tregua. Uno de los primeros objetivos de esta guerra fue atacar el significado del concepto izquierda. Así nacieron muchas izquierdas, todas reivindicando para sí el ser la verdadera izquierda, cuando no única izquierda posible. Los nombres para identificarlas hablan por sí solos. Nueva izquierda, Izquierda renovada, Izquierda verde, Izquierda ecologista, Izquierda socialista, Izquierda anticapitalista, Izquierda nacionalista, Izquierda progresista, Mesas de convergencia de la izquierda, etcétera. En este maremágnum parece más importante el adjetivo que el sustantivo. Con tantas izquierdas uno se pierde y desiste, es mejor optar por el centro y declararse progresista.

Otros dos conceptos que sufrirán el ataque de las fuerzas de la derecha y la socialdemocracia serán las nociones de capitalismo e imperialismo.

Estos términos sufrieron un serio desprestigio en los últimos años del siglo XX y cayeron en desuso. Lo mismo ocurrió con sus opuestos, *socialismo y liberación*. Su provisional ausencia del discurso alternativo también se debió a otros fenómenos más. Uno fue el cambio histórico del proyecto alternativo mediante la redefinición de prioridades y de actores. Otro fue la redefinición de léxicos y conceptos con las propias colectividades que experimentan la necesidad de enriquecer el lenguaje y sus ideas, y de expresar las experiencias vividas y sus propios imaginarios. Así empezó a destacar junto a lo nuevo lo viejo, que es valioso. Ambos reaparecen cada vez que los pueblos, trabajadores y ciudadanos se enfrentan a «los intereses de clase», a las oligarquías, burguesías, corporaciones, así como aparatos estatales y empresariales que forman verdaderos complejos locales y globales[11].

La crisis del comunismo, realmente existente, sirvió de caldo de cultivo para proponer el fin del pensamiento marxiano y de sus organizaciones políticas. Los partidos comunistas y los movimientos de liberación nacional anticapitalistas serían sometidos a un duro examen de viabilidad. El resultado no fue otro que suspenso. No había lugar, en la era de la globalización, para alternativas fuera del sistema. Si la izquierda quería existir debía aceptar las reglas del juego del capitalismo, siendo su función corregir los excesos políticos de una derecha depredadora y salvaje. La izquierda mutaba para gestionar, con sentido social, la crisis y las políticas públicas. Para este fin qué mejor opción que revitalizar la socialdemocracia, cuyos nuevos líderes rompían amarras con el marxismo. Uno de los primeros partidos socialdemócratas europeos en comprender esta nueva realidad fue el PSOE, en España. La Internacional Socialista cambió su discurso y su programa. Era el tiempo de una generación anticomunista que daría por concluida la etapa radical de apoyo a los movimientos de liberación nacional en América Latina y África. El asesinato del primer ministro sueco, Olaf Palme, sería la puntilla.

---

[11] Pablo González Casanova, «La dialéctica de las alternativas», en *De la sociología del poder a la sociología de la explotación. Pensar América latina en el siglo xxi*, Bogotá, Ediciones Siglo del Hombre, 2009, p. 317.

Para los excomunistas, apodados disidentes, como Jorge Semprún, la solución era reconvertirse y el mejor ejemplo era la figura del nuevo secretario general del PSOE, Felipe González. Así lo hizo saber el propio Semprún al escribir en su segundo libro de memorias políticas: «Felipe González [...] afirmaba ese gusto por la libertad, cualesquiera que fueran sus riesgos, que había, en cierto modo, gobernado todas sus decisiones políticas y que iba a continuar gobernándolas: el socialismo democrático contra el comunismo; la economía de mercado contra el estatismo dirigista; la pertenencia a la alianza de países democráticos contra el aislacionismo o el neutralismo tercermundista»[12].

Los rasgos atribuidos a González se convirtieron en el paradigma del dirigente socialdemócrata con éxito. Un hombre querido por sus gentes, comprometido con la razón cultural de Occidente y defensor sin cortapisas del liderazgo imperial de los Estados Unidos y la OTAN. En plena Guerra Fría, y siendo ya presidente del Gobierno, dijo que: «prefería morir de un navajazo en el Metro de Nueva York antes que en un hospital psiquiátrico de la URSS». Era su declaración de principios dirigida a los líderes de la socialdemocracia y los mandamases de los Estados Unidos. Se trataba de mostrar al mundo que la socialdemocracia era un aliado estratégico de los Estados Unidos y un leal defensor del capitalismo. En menos de una década la Internacional Socialista había expiado su pecado original, se había deshecho y renegado del pasado común que le unía a la tradición marxista y socialista.

Así, los orígenes de la socialdemocracia eran reubicados en la economía social de mercado y su mano invisible serían las leyes de la oferta y la demanda. Nunca más formaría parte de su agenda un proyecto popular donde se plantease una alianza socialista-comunista. La nueva fórmula emergente era siniestra y sirvió para avalar el proceso de transición chileno de los años ochenta del siglo pasado. La unidad de acción y compromiso entre la internacional

---

[12] Jorge Semprún, *Federico Sánchez se despide de ustedes*, Barcelona, Tusquets, 2011, p. 48.

democristiana y socialista. Criminales y verdugos eran amnistiados en pro de no hacer justicia.

En 1989 Craxi habló con Flaminio Piçcoli, presidente de la Internacional Demócrata-Cristiana, para decirle que el PSI y la DC (de Italia) deberían unir sus fuerzas a fin de ayudar a los demócratas chilenos (a elegir presidente a Patricio Aylwin). En los hechos pagaron para llevar a la presidencia en 1989 no a un democristiano ajeno a la insurrección militar de 1973 sino al mismo Aylwin; es decir, buscaron y lograron impedir que reemergieran las alianzas republicano-socialistas que en el Gobierno o en la oposición se sucedieron en el país andino desde 1937 a 1973. [...] Betinno Craxi y Giulio Andreotti desviaron de los presupuestos del Estado italiano millones de dólares hacia el proyecto Sur-Chile –importar para América Latina la alianza democratacristiana socialdemócrata sobre la que se asentaron políticas de la Guerra Fría en Europa[13].

Mientras tanto, la derecha se frotaba las manos. Quien emprendía la caza de brujas contra marxistas, comunistas, libertarios y anticapitalistas era la socialdemocracia. La casa común de la izquierda fue derruida y sus restos llevados al desguace. En su lugar, se levantó un edificio moderno, inteligente y autorregulado, con un cartel muy explícito: *reservado el derecho de admisión*. La recién creada comunidad de propietarios expulsó y mandó a extramuros a quienes no aceptaban los nuevos códigos de comportamiento, asumir sin rechistar el ideario del capitalismo neoliberal.

Comunistas, marxistas y libertarios anticapitalistas, tras la debacle de la URSS y el bloque de los países del Este, no encontraron mejor manera de sobrevivir al embate socialdemócrata que tirar al niño con el agua sucia dentro. Frustración y *harakiri*: la idea de derrota se extendió entre sus militantes. La diáspora política concluyó con muchos de sus cuadros llamando a la puerta del

---

[13] Joan Garcés, *Soberanos e Intervenidos. Estrategias globales, americanos y españoles*, Madrid, Editorial Siglo XXI de España, 1996, p. 465.

nuevo edificio construido por la socialdemocracia. Por decepción, unos, y por pragmatismo, otros, ambos decidieron realizar una conversión sistémica; emprendieron un viaje sin retorno hacia la nueva derecha o la socialdemocracia. La revolución neoliberal les abrió sus puertas y tendió la mano. El edificio aceptó a los nuevos inquilinos que firmaron, sin rechistar, las draconianas condiciones para disfrutar de sus instalaciones. El proceso de despolitización campó a sus anchas, fue el comienzo de la neooligarquización del poder político y el principio del fin del Estado del Bienestar.

Hubo un giro de ciento ochenta grados, había que desmantelar los derechos económicos, políticos y sociales de las clases trabajadoras. La segunda posguerra quedaba muy lejos, habían pasado tres décadas. El holocausto nuclear se transformó un recuerdo difuso, Hiroshima y Nagasaki era un mal sueño. El segundo lustro de los años setenta inauguraba una nueva etapa en el desarrollo del capitalismo. Las políticas distributivas e intervencionistas creaban conflictos y provocaban ingobernabilidad, debían ser eliminadas. Era necesario recular y replantearse un nuevo pacto entre el capital y el trabajo. Las relaciones sociolaborales e industriales de corte keynesiano constituían un estorbo en la nueva etapa de acumulación capitalista. Culpables: las víctimas.

Desde la óptica neoconservadora se sostiene, en defensa del sistema capitalista, que la crisis de la democracia, y su expresión más patente, que es la crisis de gobernabilidad, se debe a la multiplicación de demandas, tanto políticas como sociales que se dirigen al Estado democrático y que van desde una exigencia caótica y descontrolada, por parte de los ciudadanos, de querer intervenir en todos los procesos políticos, hasta un incontenible aumento de los gastos públicos, en especial en educación y protección social. Todo lo cual, como defiende el informe de la Trilateral de Crozier, Huntington y Watanuki, no solo hace inviable la satisfacción de una voluntad de continua participación política, que se compadece mal con la complejidad propia de las sociedades contemporáneas, sino que en el ámbito social no puede, por razones económicas, responder de manera satisfactoria a tantas peticiones, lo que tiene como consecuencia la degradación de los servicios que presta. Degradación que genera un descontento, cada vez más amplio, entre los beneficiarios a los que se destina y que fragiliza el funcionamiento de las instituciones y reinstala, en el mismo cogollo, el cuestionamiento sobre la legitimidad democrática del sistema capitalista[14].

Así, a la pregunta de ¿quiénes se rebelan y quiénes son los llamados indignados?, la respuesta no merece dudas. Aquellos cuyos principios coinciden con la crítica al neoliberalismo y luchan por establecer una ciudadanía plena, donde el buen vivir suponga el despliegue de las facultades humanas y la dignidad. Bien lo señala José Luis Sampedro en su prólogo al texto de Hessel:

> Porque de la indignación nace la voluntad de compromiso con la historia. De la indignación nació la resistencia contra el nazismo y de la indignación tiene que salir hoy la resistencia contra la dictadura de los mercados. Debemos resistirnos a que la carrera del dinero domine nuestras vidas. Hessel reconoce que para un joven de su época indignarse y resistirse fue más claro, aunque no más fácil, porque la invasión del país por tropas fascistas es más evidente que la dictadura del entramado financiero internacional. El nazismo fue vencido por la indignación de muchos, pero el peligro totalitario en sus múltiples variantes no ha desaparecido. Ni en aspectos tan burdos como los campos de concentración (Guantánamo, Abu Ghraid) muros, vallas ataques preventivos y «lucha contra el terrorismo» en lugares estratégicos, ni en otros mucho más sofisticados y tecnificados como la mal llamada «globalización» financiera.

---

[14] José Vidal-Beneyto, *La corrupción de la democracia*, Madrid, Libros de la Catarata, 2010, p. 54.

CAPÍTULO IV

LOS INDIGNADOS, LA POLÍTICA Y LOS INTELECTUALES

El discurso neoliberal caló hondo y cambió la forma de concebir la política y la democracia. El pragmatismo se aupó como el referente de la acción política. Se trasformó en el vellocino de oro codiciado por los políticos, siendo un alago ser tildado de político pragmático. Ya no había que devanarse los sesos pensando en programas sociales, populares, democráticos y socialistas. El *quid* de la cuestión era menos complejo, se reducía a comprender el funcionamiento de la economía de mercado y actuar en consecuencia. Se trataba de gestionar recursos y de satisfacer los intereses de avezados consumidores. El objetivo de la política se prostituía. Ganaba quien mostrara mayor eficiencia en la administración y en trasvase de recursos públicos a la empresa privada. El proceso desregulador campaba a sus anchas. La política con mayúsculas, destinada a solucionar los problemas cotidianos, apegada a la vida de los barrios, de la ciudad, aquella que no se rige por el *marketing* electoral y las encuestas, se transformó en el chivo expiatorio de unos y otros.

El mercado se adueñó de la política y copó todos los espacios. Una realidad económica caracterizada por la competitividad, el individualismo extremo y el egoísmo se hace coincidir con la emergencia del consumidor como sujeto de la política. Es la propuesta neoliberal, los problemas de la ciudadanía se resumen en una simple operación coste-beneficio.

La democracia de mercado se desentiende del «verdadero mérito», de la íntima santidad, de la personal moralidad de la justicia absoluta. Prosperan en la palestra mercantil, libre de trabas administrativas, quienes se preocupan y consiguen proporcionar a sus semejantes lo que estos en cada momento con mayor apremio desean. Los consumidores, por su parte, se atienen exclusivamente a sus propias necesidades, apetencias y caprichos. Esa es la ley de la democracia capitalista. Los consumidores son soberanos y exigen ser complacidos[1].

La práctica política se redujo a ser una parte de la gestión económica, destinada a satisfacer a los mercados y a los consumidores. Es la historia degenerativa de la política; sus instituciones, sean gobiernos regionales, locales o federales, parlamentos, ayuntamientos, partidos políticos, se transformaron en gestores. La política como una práctica del poder, articulada a valores éticos y satisfacer el bien común, perdió adeptos. La nueva política se impregnó de un halo empresarial. Los Estados se consideraron empresas y los ciudadanos empleados que deben acatar sin rechistar. El empresario y el banquero fueron llamados a hacerse cargo de la política.

Así, los empresarios han decidido copar todos los espacios públicos y estar en la primera línea de fuego. Hoy, la crisis en Italia y Grecia depara el mejor ejemplo de esta práctica. En ambos casos el FMI y el Banco Central Europeo reclaman un gobierno de técnicos que cuente con el apoyo del parlamento. Secuestrado el poder político, uno se pregunta quiénes son los técnicos; no hay duda: economistas ligados a la empresa privada, asesores de la gran banca y el capital financiero. El Estado y la hacienda pública se convierten en una caja de caudales con fondos para gestionarlos en beneficio de los dueños del capital. «Zorros cuidando el gallinero.»

La política dice no esconder secretos para banqueros, gerentes y empresarios. Los ejemplos sobran: Fox, presidente de México, entre 2000 y 2006, fue gerente de la Coca-Cola, su máximo activo; Berlusconi, en Italia, hoy caído en desgracia, se le considera un as en las finanzas, no olvidemos que a pesar de ser destituido, logró aprobar los presupuestos para 2012; en Chile, su presiden-

---

[1] Ludwig Von Mises, *La mentalidad anticapitalista*, Madrid, Fundación Cánovas del Castillo, 1983, p. 56.

te, Sebastián Piñera, se presenta a la ciudadanía como un empresario con vocación de servicio público; en Brasil, Lula da Silva llevó como vicepresidente a un distinguido empresario, José Alencar, miembro de una iglesia evangélica y perteneciente a un partido conservador tradicionalista. Igualmente, en Estados Unidos, los elegidos para manejar la secretaria del Tesoro formaban parte del *establishment* del complejo financiero y fungían en calidad de asesores o miembros de sus consejos directivos.

La crítica y el rechazo a los partidos políticos, en tanto instituciones que deben modernizarse y buscar su reacomodo en la economía de mercado y su democracia *ad hoc*, constituye parte del discurso de los empresarios advenedizos al mundo de la política contingente. Este ataque consciente al sujeto político colectivo, al *nosotros*, concepto clave para entender la experiencia democrática, aparece como constante en todos los nuevos movimientos ciudadanos de indignación y rabia. Un nosotros reivindicado desde diferentes tradiciones políticas comunitarias. Al decir de Pablo González Casanova:

> El estudio de ese «nosotros», incluyente y variable, constituye uno de los objetivos más importantes del conocimiento de las organizaciones y clases del mundo actual. Conduce a una teoría hecha de muchas teorías sobre el Estado y el sistema político, sobre el mercado y el capitalismo, sobre los complejos militares –empresariales de dominación y explotación y sus asociados o subordinados [...] Descubre la posibilidad de lograr por medios pacíficos lo que ya solo creía que iba a lograr por la guerra; y ve cómo una parte se la arrebatan y otra queda en la conciencia y en la organización de los pueblos. Descubre cómo las fuerzas dominantes y auxiliares tratan de transarlo, de mediarlo, de cooptarlo; cómo lo amenazan, cómo lo reprimen, cómo expulsan a los pueblos enteros de sus casas y tierras de labranza; cómo soldados y capitanes lo tratan con desprecio, cómo lo echan a los perros y azuzan a los paramilitares, y a los matones, cómo lo meten en la cárcel por un delito que no han cometido, cómo lo torturan y humillan. Descubre algo más: quiénes lo apoyan hasta hacerse parte de su lucha y quiénes

se le enfrentan con actitudes paternalistas y autoritarias. Vive la experiencia de lo que ya sabía en la conciencia. Descubre qué está luchando contra el neoliberalismo y por la humanidad. Ve cómo se solidarizan con él movimientos sociales […] En las alianzas con sus amigos, hermanos y compañeros, en su propio movimiento, descubre «contradicciones» y ve que son tan importantes o más que las que tiene con los «señores del poder y el dinero»[2].

La lucha entre el yo consumidor y el nosotros democrático levanta una barrera que impide cualquier tipo de aproximación entre la política democrática y la dictadura de los mercados. No hay espacios de unión que hagan posible la convivencia pacífica. Así se entiende la necesidad de acabar con la centralidad de la política para quienes entienden la sociedad como un gran centro comercial o una mesa de juegos donde el objetivo consiste en ganar a toda costa, caiga quien caiga.

En esta batalla por rescatar la política de los mercados se despliegan las actividades y convocatorias de los nuevos movimientos sociales ciudadanos. Así, nos encontramos con ciudadanos que reclaman poner fin a la hegemonía del capital financiero sobre el poder político. Si miramos la convocatoria global del 15 de octubre de 2011 en Madrid nos encontramos con militantes progresistas, socialdemócratas, anticapitalistas, anarquistas, antisistema y comunistas. Unos se consideran votantes del PSOE, Equo, Izquierda Unida o Izquierda anticapitalista, otros propugnan el voto nulo o la abstención.

Pero la convocatoria del 15-M traspasa no solo las fronteras geográficas sino también las ideológicas. En la marcha del 15 de octubre, los participantes gritaban al unísono: «¡Que no, que no, que no nos representan!». Pero, ¿quiénes no nos representan? En esta diversidad, cada cual tiene en mente su estereotipo de políti-

---

[2] «La dialéctica de las alternativas», en Pablo González Casanova, *De la sociología del Poder a la sociología de la explotación. Pensar América latina en el siglo xxi*, Bogotá, Siglo del Hombre Editores, 2009, pp. 331 y ss.

co corrupto. Llegados a este punto de inflexión, es necesario responder a la pregunta realizada desde las asambleas de barrios, las comisiones de trabajo y los grupos de discusión cercanos al 15-M: ¿para qué sirve la política y los políticos?

La política se reivindica, es útil y debe ser ejercida por representantes honestos, con listas abiertas y un sistema electoral que posibilite una representación apegada a los votantes. La política no puede ser reducto de corruptos, de delincuentes de cuello y corbata al servicio de cárteles industriales o financieros.

Una mayoría social se muestra desconfiada y no ve con buenos ojos el accionar de la actual clase política institucional que baila al ritmo de los banqueros. Sus signos externos crean rechazo. Caracterizada por el despilfarro y la impunidad, con sueldos desproporcionados, en algunos casos vitalicios, y una vida llena de privilegios se han ganado el desprecio de la ciudadanía. Los dirigentes de partidos son visualizados, con o sin razón, como crápulas cuyo trabajo se limita a esquilmar fondos públicos para aumentar su patrimonio.

Ostentar cargo público, en las últimas décadas, se relaciona con escándalos de corrupción, lisonjas y una buena cuenta bancaria. Los dirigentes políticos ocupan los titulares de la prensa por asuntos muy alejados al desempeño de sus cargos. Ya no solo por abuso de poder o tráfico de influencias, ahora saltan a la palestra acusaciones de violación, abuso de menores, alcoholismo, drogadicción o prostitución. Son estas conductas recurrentes lo que aleja a la ciudadanía de la política de arriba. Ya no se trata de una crítica al incumplimiento de promesas electorales, cuestión que está a la orden del día, sino de tener un comportamiento delictivo, cuyo rechazo acaba generando desconfianza y descrédito hacia quienes desempeñan alguna actividad política pública.

En España, el baremo del Centro de Investigaciones Sociológicas de julio de 2011 es desalentador. A la pregunta ¿cuál es, a su juicio, el principal problema que existe actualmente en España?, los encuestados situaron en tercer lugar a la clase política, por detrás del paro y la crisis económica, y por delante de problemas que tanto gusta debatir en televisión, como la inmigración o el terrorismo de ETA. Según el baremo, dichos temas no concitan, en la actualidad, el 1 por 100 del interés de los encuestados. El caso español se extiende por todo el mundo. En México, la Segunda Encuesta Nacional de Cultura Constitucional, cuyos datos se dieron a conocer en agosto de 2011, es desalentadora, «los diputados, los partidos políticos y la policía se situaron en los últimos sitios de confianza».

Tras los resultado, «los universitarios concluyeron que corrupción, impunidad e intereses extralegales impiden que la justicia funcione en México, además de que los tipos de relaciones establecidas hace tiempo entre el ciudadano y los gobernantes impiden el cumplimiento y respeto de las leyes, lo que ha implicado el deterioro de las instituciones y su legitimidad, cuya restauración requiere un rediseño del Estado»[3].

Esta percepción, real o deformada, está presente en el movimiento de indignados. Para la mayoría de quienes participan en el movimiento, el político se ha transformado: es un imputs de consumo. La ley de la oferta y la demanda los muta en meretrices, en mercancía de usar y tirar. A esta situación perversa no contribuyen las decisiones de los parlamentos. Como ejemplo, sirva que la cámara de diputados, en España, ha establecido un kit básico del buen diputado: sus señorías deben ser portadores de tecnología punta, sus teléfonos móviles no pueden ser otros que un *iPhone 5* complementado con un *iPad* de última generación y un ordenador portátil. El coste total de la operación supera el medio millón de euros. Este autismo de la clase política que se niega a escuchar las voces ciudadanas que piden austeridad supone una bofetada en la cara, lo cual explica el rechazo a la política.

El concepto de servicio público y la defensa de un proyecto democrático se difumina en pro del cortoplacismo de ganar elecciones y mantenerse en el poder, sea como sea. Los partidos políticos se entregan a una carrera de publicidad, contratando asesores y

---

[3] Emir Olivares Alonso, «La grave situación que vive el país amerita un rediseño del Estado», *La Jornada* (miércoles, 24 de agosto de 2011) [http://www.jornada.unam.mx/2011/08/24/politica/007n1pol].

agencias para que le redacten los eslóganes de las campañas y descubran el lado más fotogénico de sus candidatos. Los jefes de campaña pasan a un segundo plano y los publicistas toman el mando. Nada les es ajeno, controlan la vestimenta, el peinado y todos los detalles, de los pies a la cabeza. El resultado se nota: en el último debate electoral cara a cara entre los dos candidatos de los partidos mayoritarios en España, los periodistas dedicaron extensos artículos y comentarios al color de la corbata de Mariano Rajoy y Alfredo Pérez Rubalcaba. Nada pasó desapercibido a la luz de las cámaras y los comentaristas políticos, el modelo de zapatos, el tipo de traje, el color de la camisa, los calcetines y el peinado. Es la banalización de la política.

La utilización del *Photoshop* es un arma política. Un candidato con canas poco pronunciadas puede resultar atractivo y captar votos entre las mujeres. En otros casos, una blusa ajustada o una cazadora de piel pueden potenciar la libido de los hombres y decidir el voto. En definitiva, se vende un producto comercial y se adapta a la clientela. La manipulación de la imagen prevalece por encima de otros aspectos como el programa, la coherencia ideológica o la honestidad. Si hay que quitar arrugas, patas de gallo o verrugas, se hace, forma parte de la estrategia.

El límite para realizar la *performance* a los candidatos es la cantidad de fondos disponibles para la campaña. Bancos, empresas y grupos financieros se dejan querer, esperando la visita de los jefes de campaña. Así opera la democracia de mercado, la bacanal electoral de los partidos políticos no solo es financiada por las arcas públicas, los préstamos de entidades privadas constituyen una parte importante. No hay partido que tenga sus finanzas en números azules. Todos tienen deudas impagables. Pero los bancos no los desahucian, ni quitan sus sedes, como al común de los mortales que no pagan sus hipotecas. Prefieren mantener una actitud más laxa y considerarlo una inversión fallida, pero con ganancias extraeconómicas. Gane quien gane en las urnas, son las entidades de crédito quienes tendrán la sartén por el mango. Los partidos políticos se encuentran atados de pies y manos. El auténtico gobierno se sitúa en la trastienda, son los consejos de administración de los bancos. ¿Cómo hemos podido llegar a semejante situación? El proceso despolitizante se traduce en el totalitarismo invertido. La demanda de más democracia se ve como un acto estrafalario y fuera de contexto. Harold Laski, en la primera mitad del siglo XX, describió este proceso de forma brillante:

> Tan pronunciada es esta decadencia de la libertad, que el ciudadano que, en el mar de indiferencia, protesta por la injusticia, se hace notar. Pero más que destacar, resulta estrafalario; y es que cuando le vemos inmiscuirse en asuntos públicos pensamos que no tiene nada mejor que hacer, que carece de toda ocupación útil. Cuando el profesor Chafee se aventuró a defender el derecho de los norteamericanos a ejercer la libertad de palabra, no faltaron estudiantes de la Universidad de Harvard que pidieron su destitución. Y cuando el profesor Frankfurter expresó sus dudas acerca de la culpabilidad de Sacco y Vanzetti, poderosos intereses no tardaron en insinuar que se le pagaba por realizar tales declaraciones. Es normal que el estadista, el millonario o el soldado señalen en qué forma ha de organizarse la vida, pero en cuanto oímos hablar de ello al simple ciudadano, nos pasma su osadía o nos indigna su intromisión. Sin embargo es al simple ciudadano al que más afecta la imposición de normas basadas en experiencias ajenas, y más aún cuando los gobiernos tienden a definir con creciente precisión los límites de la vida que ha de llevar. Si no hace valer su parecer respecto a las imposiciones y no se une a otros para defender sus puntos de vista, la vida del ciudadano puede llegar a convertirse en una permanente frustración de sus aspiraciones personales[4].

La desmovilización ciudadana no solo crea socialconformismo sino aumenta el descrédito de la democracia representativa como orden político. En España, resulta lacerante que un 24 por 100 de

---

[4] Harold Laski, *Los peligros de la obediencia*, Madrid, Sequitur, 2011, p. 27.

la población considere a la clase política y la política un problema, y no como parte de la solución a sus demandas. En América Latina, en el año 2004 el PNUD elaboró un informe *ad hoc* sobre la democracia en la región, con el título *La democracia en América latina*, que advierte sobre la minusvaloración política de la democracia. Más de un 50 por 100 de «los latinoamericanos y latinoamericanas estarían dispuestos a sacrificar un gobierno democrático en aras de un progreso real socioeconómico»[5].

Hay que hacer ímprobos esfuerzos para convencer a los desengañados ciudadanos del beneficio que trae para una sociedad democrática la participación y existencia de organizaciones políticas o sindicales como punto de equilibrio para el ejercicio de las libertades. Resulta titánico hacer ver la relación positiva que existe entre la lucha por la justicia social y la participación en los asuntos públicos. El idiota social se consolida como una opción de vida en pleno siglo XXI.

El movimiento de indignados recoge en sus filas esta contradicción. Una parte no desdeñable de sus miembros se declaran apartidistas y descartan la integración a los partidos, sobre todo si se trata de los mayoritarios. Otros ni siquiera consideran interlocutores válidos a los minoritarios, anticapitalistas o coaliciones caracterizadas como izquierda institucional, verdes o ecologistas. De aquí que el 15-M en las elecciones parlamentarias del 20 de noviembre de 2011, de donde salió el actual presidente de gobierno, decidieran promover cuatro opciones, el voto nulo, el blanco y la abstención, tanto como votar a partidos minoritarios.

Primero la desconfianza, luego el descrédito, a continuación el rechazo y, por último, una actitud displicente, encuadran las etapas que ha recorrido la crítica de los nuevos movimientos hacia los partidos políticos. La abstención aumenta y es un dato a tener en cuenta para analizar el comportamiento indolente de la ciudadanía frente a la «clase política». Las consignas que leemos en los carteles que

---

[5] *La democracia en América latina. Hacia una democracia de ciudadanos y ciudadanas*, Buenos Aires, PNUD, 2004, p. 11.

acompañan la movilización de indignados son trasparentes: «No somos mercancía en manos de políticos y banqueros»; «Que se vayan». No en vano los movimientos ciudadanos de nuevo cuño subrayan la contradicción existente entre democracia real y formal: «la llaman democracia pero no lo es». Sea esta contradicción una razón de peso para emprender el rescate de la política y reivindicar su lugar protagónico en el quehacer ciudadano.

El sentir refractario de los indignados hacia la política de arriba incluye partidos, sindicatos y ONGs. Sin embargo, en esta crítica al todo institucional, sin duda acertada, anida un peligro que está presente en los movimientos sociales ciudadanos tan heterogéneos como los actuales. Se trata de la emergencia de conductas racistas y xenófobas ancladas en ideologías de la muerte.

Aprovechándose del descrédito de la política, la derecha más reaccionaria trata de pescar en río revuelto, lanzando carnaza en pro de una alternativa totalitaria. Con un discurso chovinista suma adeptos. Europa y España caminan por esta cuerda floja.

El racismo es, primero, una política, y una ideología en segundo lugar. Lo mismo que todas las políticas, necesita organización, dirección y expertos. Igual que todas las políticas, para ponerla en práctica exige una división del trabajo y un aislamiento efectivo entre la tarea y el efecto desorganizador de la improvisación y la espontaneidad. Exige que se deje a los especialistas tranquilos y libres para llevar adelante su tarea[6].

En las últimas elecciones autonómicas, en uno de los pueblos más densamente poblados de Cataluña, Badalona, el Partido Popular ganó la alcaldía haciendo suyo el discurso xenófobo de su candidato Xavier Garcia Albiol, cuyo eslogan fue: «les haré la vida imposible hasta que se vayan»; «no queremos gitanos rumanos». La presidenta del partido en Cataluña, Alicia Sánchez Camacho, se mostró satisfecha y contenta tras los resultados.

---

[6] Zygmunt Bauman, *op. cit.*, p. 104.

El extranjero es carne de cañón, se le culpa del colapso sanitario, de la baja calidad de la educación pública, del aumento de la inseguridad y la delincuencia. Las campañas racistas desacreditando al colectivo de inmigrantes ganan votos. El radicalismo extremista crece en el interior de los partidos neoliberales y conservadores de viejo abolengo, y cuando ello no es posible, se crean otros *ex post*, como Le Pen en Francia o la Liga Norte en Italia. El actual movimiento de indignados puede verse afectado por esta circunstancia, aunque por el momento su devenir aporta un aire nuevo al recate de la política, hoy en manos de los mercados. Con toda la distancia y prudencia del caso, su accionar recuerda a otra experiencia señera que, en los años noventa del siglo XX, inició una revolución desde abajo y a la izquierda, la emprendida por el Ejercito Zapatista de Liberación Nacional (EZLN) en México. Su presencia cambió formas de actuar y pensar, recuperando la centralidad de la política, su valor ético y poniendo en la agenda la lucha contra el neoliberalismo y la defensa de la humanidad.

Este camino abierto no se cierra con la represión ni el silencio cómplice de los medios masivos de comunicación y disuasión social. Por mucho que se intente minimizar su presencia creando un discurso descalificador, debemos subrayar que su influencia logra cuajar en el movimiento social a pesar de las campañas en su contra.

En esta dinámica, el intelectual, no el ideólogo ni el teórico chatarra, comparsas del poder, tiene un papel que desempeñar. Su dejación supone traicionar los principios éticos sobre los cuales se articula el compromiso del intelectual. Para entender la diferencia, nada mejor que recurrir a un ejemplo. En el lado de los comparsas del poder, creadores de pensamiento chatarra, se encuentra un viejo conocido, filósofo amante de lisonjas y miembro destacado de las tertulias y conferencias: Fernando Savater, quien no tuvo reparos en señalar que el 15-M le había «servido de tontómetro para medir el nivel de estupidez y el cinismo con que demuestran su absoluto oportunismo» una panda de impresentables. «Los indignados –sentencia– son un hatajo de mastuerzos que quieren imponerse a los representantes de la votación popular y que por tanto debían ser desalojados por la policía y nada más»[7].

En el otro extremo, un intelectual asume su responsabilidad y se une a los indignados, se trata de José Luis Sanpedro. Sin resentimiento ni frustración, le da la bienvenida aportando su experiencia; no descalifica, insulta, ni vulgariza, tampoco opta por un apoyo ciego, lo hace valorando su significado y comprendiendo la importancia de un movimiento que busca rescatar la política.

Quien no es un ideólogo ni teórico chatarra, entiende que su deber como intelectual consiste en motivar la reflexión, hacer pensar y articular la conciencia crítica. Si José Luis Sanpedro es un referente, el mejor ejemplo de este deber del intelectual lo constituye el ensayista y escritor francés, Émile Zola, autor de, entre otras, la novela *Germinal*. Zola, pudiendo gozar de los parabienes del poder y llevar una vida llena de oropeles, optó por levantar el grito de dignidad bajo su reclamo: *Yo acuso*. Un escrito redactado en forma de carta abierta dirigida al entonces presidente de la República de Francia en la cual asumía la defensa del capitán Alfred Dreyfus, condenado a prisión perpetua en la Isla del diablo por supuesto delito de alta traición a la patria. Zola emprendió una batalla para demostrar la mentira de tal acusación, publicando panfletos y distribuyéndolos en mano. No solo fue *Yo acuso*, destaca también su exhorto a la Juventud francesa.

El 13 de enero de 1898, *L'aurore*, diario parisino de la elite ilustrada, publicó en portada su carta abierta a Félix Faure, presidente de la República. En ella, Zola pone en evidencia la trama de imposturas, manipulaciones y felonías, aderezadas con un patriotismo ramplón y con antisemitismo, que los miembros del tribunal construyeron para redactar la sentencia y condenar al capitán Dreyfus. *Yo acuso* constituye el acto fundacional del papel que deben jugar los intelectuales a la hora de participar en los asuntos públicos. No en vano la palabra «intelectual» será acuñada para

---

[7] *Público* (15 de junio de 2011) [http://www.publico.es/espana/382109/fernando-savater-se-indigna-con-los-indignados-hatajo-de-mastuerzos].

describir la noble, ética y recta actitud de Zola, que Anatole France definió como «un momento privilegiado de la conciencia humana»[8]. Zola lo hace patente al narrar las razones que le han llevado a escribir la carta:

> En cuanto a la gente a la que acuso, no les conozco, nunca les he visto, no siento ni rencor ni odio contra ellos. Para mí son tan solo entes, espíritus de la maldad social. El acto que realizo aquí es solo una forma revolucionaria de adelantar la explosión de la verdad y la justicia. Solo tengo una pasión, la de la luz, en nombre de la humanidad que ha sufrido tanto y tiene derecho a la felicidad. Mi protesta ardiente es solo clamor de mi alma. ¡Que alguien se atreva a hacerme comparecer ante un tribunal y que el juicio tenga lugar a la luz del día! Estoy a la Espera[9].

La respuesta no tardó. Difamado, detenido y llevado a los tribunales, tuvo que exiliarse. Tras su regreso a Francia, morirá en extrañas circunstancias. Su huella sigue imborrable, aunque los avatares de la palabra intelectual se vieron sometidos a la tensión del momento. Utilizada por los detractores de Zola para aludir el rechazo que les producía la participación de escritores, pintores o científicos en los asuntos públicos, fue considerada un insulto. Con el tiempo, esta acepción peyorativa ha desaparecido y su significado alude a la voluntad crítica de participar en los asuntos públicos, haciendo explícito los abusos de poder cometidos por la razón de Estado.

Al definir la tarea política del intelectual, Charles W. Mills dijo que se trataba de

> imputar a los que tienen el poder y lo saben, grados variables de responsabilidad por las consecuencias estructurales que descubre por su

---
[8] Véase el prólogo de Maurice Blanchot al texto de Zola, *Yo acuso* (Barcelona, Editorial Viejo Topo, 1998, pp. 3-19).
[9] Émile Zola, *Yo acuso*, Barcelona, Viejo Topo, 1998, pp. 97 y 98.

trabajo que están directamente influidas por sus decisiones [...] y a quienes regularmente carecen de tal poder y cuyo conocimiento se limita a su ambiente cotidiano, les revela con su trabajo el sentido de las tendencias y decisiones estructurales en relación con dicho ambiente y los modos como las inquietudes personales están conectadas con los problemas públicos; en el curso de esos esfuerzos, dice lo que ha descubierto concerniente a las acciones de los más poderosos. Estas son sus principales tareas educativas y son sus principales tareas públicas cuando habla a grandes auditorios[10].

En medio de la crisis, el dominio del lenguaje cobra un valor estratégico, es un arma fundamental para cambiar el mundo. Sin un lenguaje propio, el poder y el sistema se encargarán de poner en nuestros labios las palabras adecuadas para vivir sin sobresaltos y para que aceptemos nuestro papel de muñecos en manos del ventrílocuo, quien mueve los labios para hacer decir al muñeco lo que él quiera, pudiendo maldecirlo o alabarle. Siempre será el ventrílocuo quien dé vida al muñeco, haciéndole mover los labios y decir frases que le son ajenas[11].

Una de las virtudes del movimiento de indignados consiste en tener voz propia, no ser el muñeco de ventrílocuos oportunistas. Nadie habla por ellos. Son sus miembros quienes proponen, denuncian y construyen alternativas, entre ellas, un lenguaje que les identifica.

En esta lucha de resistencia social, recuperar la condición de ciudadano político se torna una necesidad para rehacer el espacio democrático. La tarea compromete y requiere reinterpretar el Estado en la condición creadora de la ciudadanía. Rescatar la política trae consigo pensar la ciudadanía de forma autónoma al Estado.

La idea de que la política ha dejado de existir es pertinente y da a entender que su recuperación depende de que se comprenda que se

---

[10] Charles Wright Mills, *La imaginación sociológica*, México, Fondo de Cultura Económica, 1976, p. 238.
[11] Véase Pablo González Casanova, *Las nuevas ciencias y las humanidades. de la Academia a la Política*, Barcelona, Anthropos, 2004.

trata de una actividad previa, y de un alcance superior, al arte de gobernar. La política es, efectivamente, un requisito previo necesario para el arte de gobernar, pero en ningún modo es el arte de gobernar la culminación de la política: la política puede, y en una sociedad política suele, extenderse más allá de los límites del Estado. Cualquier sociedad o comunidad puede promover esta extensión. Del mismo modo, la ciudadanía, como estatus y como actividad de las personas políticas, puede proyectarse en ámbitos, áreas, actividades y acciones que no son directa o inmediatamente estatales. Dicho en términos genéricos, la política es un tipo de compromiso con el mundo que ha creado, a través de su contingente desarrollo, el Estado, pero de esto no se sigue ni que el Estado sea una consecuencia necesaria de la política ni que sea una condición necesaria de la política. Al contrario, cabe sostener que el Estado imposibilita la política y distorsiona la ciudadanía[12].

Es en el debate interno y en la manera de concebir el futuro del 15-M donde se reflejan las tensiones y se nota la participación de los intelectuales que militan en sus filas. La idea de proyectarlo como germen de un movimiento autogestionario, anticapitalista, asambleario, al margen de la izquierda política existente, abierto a todas las voces y horizontal en su proceso de toma de decisiones acapara todas las miradas. En otras palabras, se busca transformarlo en el centro de una izquierda social renovada, crítica de la democracia representativa y participativa, donde el peso de movimiento recae en desarrollar y promover el ejercicio de la democracia directa.

Quien mejor defiende estas tesis es el profesor universitario Carlos Taibo, cuya participación en el 15-M es relevante.

Sobran las razones, entonces, para contraponer izquierda política e izquierda social, y para sostener, cuantas veces sea preciso, que las

---

[12] Paul Barry Clarke, *Ser ciudadano. Conciencia y praxis*, Madrid, Sequitur, 2010, p. 71.

concreciones de esta última que merecen la pena no necesitan instancias de representación externas. No hay mayor motivo para acatar, por añadidura, la idea de que es tan posible como razonable crear partidos de nuevo tipo. Aquellos de los que disponemos son suficiente ilustración de las carencias históricas de la forma correspondiente, y de la condición parcial de su propuesta (también en el terreno ideológico: al parecer es imposible encontrar un partido que postule al tiempo de forma consecuente el designio de la lucha social y el propósito de hacer frente de manera cabal a la crisis ecológica)[13].

Aquí nace una de las mayores incógnitas presentes en el 15-M, hacia dónde se dirige y cuál es su proyección a medio y a largo plazo. En esta batalla de las ideas el papel de los intelectuales es sin duda destacable, sobre todo cuando se trata de proponer un discurso articulado más allá de las coyunturas electorales o las movilizaciones antiprivatizadoras. Al pensar su futuro se deslizó otra pregunta. Tras los éxitos en las convocatorias y el respaldo ciudadano, ¿ahora qué?

A dos meses de estar en el gobierno, el Partido Popular incumple su programa. Sube impuestos a pesar que siempre se opuso a esta medida mientras estuvo en la oposición. Por otro lado, su ministro de Justicia, el liberal Gallardón, restringe la ley de aborto y emprende una reforma reaccionaria en la judicatura, y su ministro de Educación no pierde el tiempo y elimina la asignatura Educación para la Ciudadanía bajo pretexto de ser una propuesta ideológica y doctrinaria. El copago en Sanidad está en puertas y se verifica el aumento de dos horas y media de trabajo en los funcionarios, lo cual supone el despido masivo de interinos. Los recortes en políticas sociales se antojan la antesala de un nuevo tipo de conflictos, donde el 15-M tendrá mucho que decir, viéndose obligado a repensar estrategias en medio de un repliegue táctico. Las asambleas de barrios cobran hoy protagonismo.

---

[13] Carlos Taibo, «El 15-M como espejo y como modelo», *Rebelión.org* [http://www.rebelion.org/noticia.php?id=139323].

CAPÍTULO V

¿Y AHORA QUÉ? ORGANIZAR LA INDIGNACIÓN

A seis meses de su creación, los indignados copan las calles y son portada en la mayoría de los medios de información. Su presencia no se puede ignorar. Lo que parecía una flor de verano, tiene continuidad. El éxito de la convocatoria del 15 de octubre puede ser un paso definitivo para repensar el movimiento de indignados. No en vano, en Madrid tras la manifestación global se convocaron asambleas para discutir el futuro del 15-M. Ya no se puede eludir más este problema.

Los resultados de las elecciones legislativas que dan el triunfo y la mayoría absoluta al Partido Popular abren un nuevo proceso. No tanto por la debacle del PSOE como por el mapa que se dibuja en el escenario nacional. Los populares no tendrán contrapeso alguno, controlan el Parlamento, el Senado, las Comunidades Autónomas y sus alcaldes gobiernan en las principales capitales. Eso supone que podrán realizar todo tipo de reformas con cierta impunidad y solo la posibilidad de mantener las movilizaciones sociales y construir nichos de resistencia aparece como una opción ciudadana desde abajo a la izquierda. Es cierto que Izquierda Unida será un referente en el Parlamento, tanto como la izquierda abertzale, que se presenta con voz propia. Sin embargo, la lucha será muy desigual, y sin duda el partido popular se empleará a fondo en la represión y tratará por todos los medios de abortar cualquier posibilidad de articular un proyecto alternativo que redefina la izquierda y sea capaz de presentar batalla en estos años que se avecinan muy conflictivos.

Seguramente, Izquierda Unida, ya con grupo parlamentario, no pondrá tanta atención en los movimientos sociales y lentamente sus militantes dejarán el 15-M en pro de una actividad política centrada en potenciar sus organizaciones, ahora que pueden recuperar ciertos espacios públicos.

Los escándalos financieros no desaparecerán del panorama político y eso no hará sino aumentar la frustración, la rabia y la indignación. Las plazas se han llenado y una catarsis social crea esperanzas, pero, bajo este halo de activismo se deja notar uno de los flancos más débiles del 15-M, la invertebración del movimiento. Es en este sentido en el cual se deben interpretar las declaraciones del sociólogo Zygmunt Bauman cuando acota que el 15-M es un movimiento

> emocional que trataría de allanar el terreno para la construcción, más tarde, de otra clase de organización –pero– si la emoción es apta para destruir resulta especialmente inepta para construir nada. Las gentes de cualquier clase y condición se reúnen en las plazas y gritan los mismos eslóganes. Todos están de acuerdo en lo que rechazan, pero recibirían 100 respuestas diferentes si se les interroga por lo que desean, [...] al 15-M le falta pensamiento. Con emociones solo, sin pensamiento, no se llega a ninguna parte[1].

En estas declaraciones, que no han gustado a muchos de los militantes del 15-M, se esconde una reflexión que apunta a un problema real, aunque no sea compartida por el movimiento. Sin embargo, en sentido contrario se refiere al mismo hecho Amador Fernández-Savater, al señalar como una de las virtudes del 15-M aquello que Bauman ve como un hándicap:

> Mira, te doy la razón y no te la doy. El 15-M no ha cambiado nada y, al mismo tiempo, lo ha cambiado todo. La realidad sigue igual, pero la miramos desde otro lugar. El 15-M ha abierto ese otro lugar –y al finalizar subraya–, pues quizá el 15-M tiene tantísimos efectos

---

[1] Zygmunt Bauman, «El 15-M es emocional, le falta pensamiento», *El País* (17 de noviembre de 2011) [http://politica.elpais.com/politica/2011/10/17/actualidad/1318808156_278372.html].

de contaminación al precio de no haber perseguido ningún resultado, de preocuparse más del *cómo* nos juntamos que del *para qué*. Eso es lo que se ha contagiado, las herramientas, las técnicas y los modos, no los discursos ni las reivindicaciones. Me temo que es así[2].

Entre ambas posiciones es conveniente rescatar una reflexión que une ambas posturas, siempre y cuando incorporemos el significado de las manifestaciones desde la lógica del poder, en el actual tiempo de la postpolítica.

Pensemos en el ejemplo clásico de la protesta popular (huelgas, manifestaciones de masas, boicots) con sus reivindicaciones específicas (¡No más impuestos!, ¡acabemos con la explotación de los recursos naturales!, ¡Justicia para los detenidos!): la situación se politiza cuando la reivindicación puntual empieza a funcionar como una *condensación metafórica* de una oposición global contra Ellos, los que mandan, de modo que la protesta pasa de referirse a determinada reivindicación a reflejar la dimensión universal que esa específica reivindicación contiene. [...] Lo que la pospolítica trata de impedir es, precisamente, esta universalización metafórica de las reivindicaciones particulares. La pospolítica moviliza todo el aparato de expertos, trabajadores sociales, etcétera, para asegurarse que la puntual reivindicación (la queja) de un determinado grupo se quede en eso: en una reivindicación puntual. No sorprende entonces que este cierre sofocante acabe generando explosiones de violencia «irracionales», que son la única vía que queda para expresar esa dimensión que excede lo particular[3].

Hacer política conlleva disputar espacios y ganarlos, construir otros y desde ellos crecer. La política realizada desde arriba a la

---

[2] Amador Fernández-Savater, «¿Qué es una victoria? (una conversación 15-M)», *Público.es* (13 de octubre de 2011) [http://blogs.publico.es/fueradelugar/1077/%C2%BFque-es-una-victoria-una-conversacion-15-m].
[3] Slavoj Žižek, *En defensa de la intolerancia*, Madrid, Sequitur, 2008, p. 40.

derecha es un lastre, pero se debe luchar y ponerle coto, no basta con ir a protestar a las sedes bancarias, los parlamentos o ayuntamientos, así no se crea organización. Sin este reconocimiento no es posible avanzar. En ello radican la mayoría de las críticas de la izquierda, políticas e intelectuales, al 15-M:

El 15-M es, en esencia, un movimiento autónomo. Libre, como ellos desean, de la «contaminación política». Apoyemos su iniciativa, saludemos su esfuerzo solidario, alabemos su deseo de cambiar el mundo, participemos, incluso, en las asambleas de barrio o distrito, pero estemos atentos a su evolución. El humanismo posmoderno, uno de los rostros amables del neoliberalismo, parece bastante presente –por cierto– en esta protesta. Seamos críticos –interpretemos la realidad en términos de práctica política y acción transformadora– pero seamos justos. De lo contrario, nos habremos equivocado una vez más[4].

La incertidumbre no ha despejado el horizonte. En esta dinámica se dibujan múltiples escenarios. Las comparaciones proyectan modelos. Hay quienes ven en el 15-M como germen de una revolución horizontal de base asamblearia y anticapitalista[5]. Otros se decantan por transformar la indignación en partido político y buscar alianzas con las fuerzas de izquierda existentes. En medio, un sin fin de opciones, los argumentos en pro de unas u otras se agolpan, pero todas parecen confluir en la necesidad de dotar al movimiento de una organización estable, más allá de las reuniones de comisiones, barrios y asambleas locales.

El problema es qué se construye y cuáles son sus metas. Aquí surge el mayor desencuentro entre los hacedores del 15-M y el resto de militantes de la izquierda que participan y nutren sus filas, y han sido muchos quienes se han incorporado a posteriori al mo-

---
[4] María Toledano, «15-M, hacia una política posmoderna», Rebelión.org [http://www.rebelion.org/noticia.php?id=129469].
[5] Véase Carlos Taibo, *El 15-M en sesenta preguntas*, Madrid, Catarata, 2011.

vimiento. El espectro es amplio y compromete a las Juventudes Socialistas, el Partido Comunista, Izquierda Unida, grupos anarquistas, Red Roja, Corriente Roja, Equo y progresistas, amén de organizaciones como ATTAC y las llamadas mesas de convergencia. Nadie se quiere quedar fuera, pero tampoco se aclara por qué están dentro.

Si hacemos historia, a muchos de ellos el 15-M les pilló fuera de juego, en los circuitos habituales. Si los grandes sindicatos, UGT y CCOO, no convocaban manifestaciones se rehuía el contacto con plataformas autónomas, redes alternativas y críticas al quehacer en las instituciones. En este contexto, hubo múltiples convocatorias para tomar las calles, unas contra la privatización del agua o la externalización de los servicios de salud pública y otras reivindicando una vivienda digna o rechazando el Plan Bolonia. El denominador común, la poca asistencia y la escasa cobertura de los medios de comunicación. Estas convocatorias se volvieron invisibles y el llamado a ocupar las calles el 15 de mayo no fue ajeno a esta dinámica marginal. Sin embargo, de forma sorprendente contó con una cobertura y despliegue informativo sin precedentes. Estaban presentes la televisión pública y la privada, la prensa escrita, las radios y los medios de comunicación alternativos. Algo parecía llamar la atención. La acampada en la Puerta del Sol y otras ciudades cobró relevancia cuando la policía actuó desalojándolos. Es en ese momento cuando se produce un efecto multiplicador y la red cobra protagonismo, se produce un llamado a no abandonar las plazas. Lentamente acuden jóvenes y no tan jóvenes a defender el espacio de las acampadas. El resto es la historia por todos conocida.

En estos meses de vida, el movimiento ciudadano del 15-M ha mostrado fuerza y vitalidad, a pesar de los vaticinios en contra, pero su estructura no logra asentarse; en su interior conviven posiciones contradictorias. El discurso antipartidista tiene una fuerte presencia. Ni de derechas ni de izquierdas. Es aquí donde los caminos se bifurcan y los malentendidos crecen.

Los militantes de Izquierda Unida se sienten interpelados y maltratados. Dudan del discurso «apartidista» y lo tachan de confuso o reaccionario. Ellos no asumen haber participado en un entramado *light* para enfrentar los recortes salariales, la falta de democracia, las políticas privatizadoras y los megaproyectos. Declaran lo impoluto de su organización en temas de corrupción y tráfico de influencias y se sienten dolidos con el trato recibido por el 15-M. No reconocen que sus dirigentes, en algunos ayuntamientos, sellan alianzas con el PSOE en contra de las voces de sus afiliados y votantes. No aceptan que una parte de los indignados denuncien los enjuagues de una política corrupta en la cual se han visto implicado sus representantes y gobiernos locales. Baste recordar el pago a los sindicatos CCOO y UGT de cientos de miles de euros por realizar cursos de formación que han ido a parar a los bolsillos de sus dirigentes. Las purgas de militantes siguen al igual que la renuncia voluntaria de independientes cansados de la manipulación y falta de transparencia en la organización. No hay mes donde no se haga público algún abandono, más en tiempos electorales, donde la confección de listas destapa los más bajos instintos y pasiones personalistas.

Quienes se consideran impulsores del movimiento apelan al sentido inclusivo del 15-M, donde caben progresistas, apartidistas, anticapitalistas, antisistémicos, gentes de izquierda y de centroderecha, proabortistas, antiabortistas, defensores de la universidad laica o religiosa, pública o privada. En esta gran amalgama, dicen, radica su potencialidad. Integrados en las asambleas y comisiones, unos y otros influyen en las propuestas, censuran y discriminan. Se practica la democracia directa, una de las demandas del sector más autogestionario del 15-M. Pero en contrapartida el proceso de toma de decisiones se ha ralentizado y también, aunque no se acepte, burocratizado. La necesidad de aprobar cualquier medida o propuesta por el criterio del consenso universal se convierte en un arma de doble filo. Cualquier discrepancia lleva a la inacción, tras horas de discusión la oposición de uno solo de los participantes vuelve estéril el debate realizado. Se confunde consenso con unanimidad. La casuística en casos de parálisis para sortear este escollo es variopinta.

En este mar de circunstancias, el 15-M debe avanzar y dotarse de una organización que, respetando todas y cada una de las diferentes corrientes que le dan vida, le permita sobrevivir. Un mínimo de acuerdos es obligado para sortear los embates del poder pospolítico. Si entre sus principios irrenunciables está poner en evidencia las malas artes de la clase política, también debe recoger la experiencia histórica de los movimientos sociales ciudadanos en su accionar contra el poder, condición *sine qua non* para construir una plataforma desde abajo a la izquierda. Es difícil predecir cuál será la dirección que tomará el 15-M, pero si algo es seguro, su presencia ha cambiado por completo el panorama político en España.

Un movimiento ciudadano dispuesto a sacar adelante una plataforma de mínimos democráticos es un oasis en medio del desierto. En su accionar han creado prácticas democráticas allí donde había verticalismo y sectarismo. La convocatoria para celebrar asambleas de barrio y pueblos en cientos de ciudades de España era algo impensable hasta el 14 de mayo de 2011. En este sentido lo más relevante es que esa propuesta ha sido organizada por una nueva generación que ha entrado en la acción colectiva por primera vez y que muy rápidamente se ha dotado de un grado de autoorganización y creatividad admirables, demostrando así que no solo está criticando la política oficial sino está poniendo en práctica otra política y otra forma de hacerla[6].

Hay mucho camino que andar. Aprobar propuestas por consenso retrasa las decisiones, pero es un verdadero ejercicio democrático, obliga al diálogo abierto y reflexivo. Las asambleas permiten dar continuidad a un proyecto nacido desde abajo, una vez desmanteladas las acampadas. Hoy es difícil no referirse al 15-M cuando se

---

[6] Jaime Pastor, «15-M. Otra política es posible. Otra izquierda es necesaria», *Viento Sur* [http://www.vientosur.info/documentos/Art.%20LMD%20_3_.pdf].

trata de hablar de la coyuntura política en España. Su presencia es una realidad indiscutible como lo es la protesta de la juventud sin trabajo, de los estudiantes secundarios y universitarios, de los profesores de enseñanza media y básica, de los desempleados, amas de casa, trabajadores, jubilados, médicos y enfermeros pertenecientes al servicio de salud público y administrativos de la función pública, todos buscan rescatar la política de las manos del mercado. Es en la lucha contra la injusticia, la corrupción y la desigualdad donde han puesto en común sus propuestas de rebeldía y dignidad. Nada se cambia de la noche a la mañana. Hay que ir paso a paso, sumar voluntades. Unos aportando su experiencia con modestia y su trabajo con humildad, otros aprendiendo prácticas sin protagonismos mediáticos ni personalismos obstruccionistas. ¿Será necesario que el 15-M recupere la práctica democrática del ostracismo?

Una generación viene pisando fuerte, se hace dueña de su futuro, asume el protagonismo y decide compartir la responsabilidad en la construcción de otro mundo, articulado los valores esenciales de la dignidad y la ética política. En este proceso de recomposición de fuerzas sociales todos debemos participar. Nadie puede ser ajeno a un mundo donde el capitalismo y sus ansias depredadoras ponen en peligro el planeta y la vida que en él habita.

Organizar la indignación bajo postulados que posibiliten disputar los espacios de poder político institucional sin menospreciarlo –y no me refiero a participar de las elecciones, cuestión muy distinta– se hace obligatorio. Denunciar los partidos en sus políticas de camarillas oligárquicas y corruptas, entregados a los designios del capital financiero, no debe ser obstáculo para entender que la negociación política y el cambio social conlleva proponer alternativas dentro de la organización política del capitalismo. Negar la evidencia no es un buen principio. El poder existe y se haya representado en todos los órdenes institucionales, el económico, el político, el familiar, el religioso y el militar.

Defender la educación pública y laica es combatir el poder de la iglesia, apoyar una sanidad pública y universal supone enfrentarse a la privatización, proponer la democracia real ya es asumir la lucha política en el ámbito del poder, asumir la crítica al patriarcalismo y la explotación de género, así como levantar la bandera del matrimonio homosexual, es enfrentarse a la visión tradicional de la familia patriarcal, defender la nacionalización de la banca o el control del capital financiero es parte de la lucha contra el superpoder económico de los mercados. Ninguna de estas luchas se puede dar con éxito si negamos el espacio de constitución de los mismos. Hacerlo resulta ingenuo y estéril. No se puede entregar campo al enemigo. Las formas de lucha deben readecuarse a esta realidad, compaginarlas y no abandonar ninguna de ellas. Todos cobran peso en momentos determinados. La presión política, la huelga, el diálogo, la negociación y los piquetes, las formales e informales, las legales y las consideradas ilegales.

Uno de los peligros que penden sobre el 15-M y su futuro es convertirse en un acontecimiento fetiche, adulterado, propio de nuestra época.

Atravesamos una fase de nuestra civilización en la que muchos aspectos culturales, artísticos, pero también sencillamente existenciales, son presa de una global, parcial, deliberada o involuntaria, falsificación y fetichización. ¿Cómo y dónde se manifiesta este proceso de fetichización del que –conviene subrayarlo– muchos no son conscientes? Se manifiesta, en mi opinión, en la continua proliferación de acontecimientos que, en realidad, no son tales, sino que pueden definirse como pseudo-acontecimientos –del mismo modo que muchos de los hechos que nos rodean resultan ser, una vez analizado tan solo *factoids*[7].

El esfuerzo por evitarlo, por recuperar la ciudadanía política y rescatarla de manos de sus secuestradores, banqueros y especuladores financieros, vale la pena. El conflicto no puede obviarse. Ojalá entre todos logremos el objetivo, por ello la indignación debe organizarse.

---

[7] Gillo Dorfles, *Falsificaciones y fetiches. La adulteración en el arte y la sociedad*, Madrid, Sequitur, 2010, p. 15.

CAPÍTULO VI

EL 15-M EN LA TEORÍA DE LA CONSPIRACIÓN

Todos podemos sentirnos indignados, el concepto remite a cualquier persona y situación. El diccionario de la Real Academia de la Lengua Española nos propone la siguiente acepción para el término: «Ira, enojo, enfado vehemente contra una persona o contra sus actos». Los motivos o causas para sentir tal estado de ánimo no tienen cotas. Podemos indignarnos por un mal arbitraje deportivo, celos, mentiras, estafas o un atasco en la carretera. En estas situaciones la indignación tiene en un denominador común, la perspectiva individual, el yo por encima de todo. Pero cuando la indignación se hace colectiva los factores psicosociales, la realidad política, económica, cultural y de género, cobran un rol determinante en su formación y desarrollo. Emerge ese *nosotros* anteriormente descrito.

Las protestas contra la guerra de Irak mostraron un rechazo al uso de la fuerza en todo el mundo, la indignación se canalizó colectivamente. Bien es cierto que las razones para confluir eran de naturaleza distinta. Un sector, la socialdemocracia y los grupos progresistas, los mismos que años atrás habían apoyado la primera Guerra del Golfo, mostraron su rechazo a esta segunda guerra, al no contar con una resolución favorable de Naciones Unidas para legitimar la invasión. Otro sector, el compuesto por la izquierda anticapitalista, estaba radicalmente en contra, entendía que la guerra violaba el derecho internacional, cuestionando el argumento de la existencia de armas de destrucción masiva en manos del régimen de Sadam Hussein. La historia les dio la razón. A pesar de ello, ambos coincidieron en una consigna: *No a la guerra*.

La indignación colectiva en España tiene antecedentes, el 15-M no nace de la nada ni es espontáneo. Han sido décadas de luchas contra las políticas sociales retrógradas impulsadas por los gobiernos de UCD, Adolfo Suárez y Calvo Sotelo, cuyo resultado fue la primera reconversión industrial y el pistoletazo de salida para las privatizaciones, la desregulación y los despidos colectivos, lo que une a la ciudadanía. El PSOE y los gobiernos de Felipe González (1982-1996) no cambiarán esta dinámica. Si Calvo Sotelo firmó la incorporación de España a la OTAN, el gobierno de González lo legitimará con el referéndum del miedo. A continuación, el Partido Popular y su presidente José María Aznar (1996-2004) dieron otra vuelta de tuerca y, de 2004 a 2011, José Luis Rodríguez Zapatero y la nueva generación del PSOE han profundizado en la misma dirección: despido libre, retraso de la edad de jubilación y su última gran obra, incorporar a España en el alambicado escudo de defensa de antimisiles, cediendo la base de Rota a la OTAN. Todos los gobiernos desde la «Transición» han contribuido a la indignación, provocando el desmantelamiento del escaso desarrollo del Estado del Bienestar en España y la anulación de buena parte de los derechos sociales, económicos, culturales y políticos de las clases trabajadoras.

La memoria colectiva no olvida las luchas sociales. En plena monarquía parlamentaria y gobernando el PSOE se produce, en 1988, la primera Huelga General, huelgas que han continuado a lo largo de dos décadas con desigual resultado. Pero todo suma. La realidad política no tiene un comportamiento lineal, más bien se presenta como una articulación compleja y discontinua. Retrocesos, desencanto y batallas perdidas conviven con la ilusión y el optimismo, la lucha por la dignidad y la justicia social. De lo contrario no se podría entender la creación de una plataforma como Democracia Real Ya.

En todas las ciudades de España los atentados del 11 de marzo de 2004, en la estación de Atocha y en varios trenes de cercanías, suscitaron el rechazo colectivo. Ese mismo día se convocaron manifestaciones en solidaridad con las víctimas. Tal acción de terrorismo unió a la sociedad española, pero la indignación se dirigió hacia el presidente Aznar, sus ministros y el Partido Popular. Muchos de sus dirigentes fueron abucheados e increpados en las marchas. En algunos casos, tuvieron que abandonar las manifestaciones para no sufrir el zarandeo de quienes no entendían la actitud rastrera del gobierno a la hora de explicar los atentados. La ciudadanía no comprendía la mentira ni la manipulación partidista en pro de una visión espuria para atribuirle a ETA su autoría. Aquí, la rabia se transformó en *indignidad:* «motivo de incapacidad sucesoria por mal comportamiento grave». Los ciudadanos, en ese instante, se manifestaron contra los autores materiales y el gobierno, por manipular y mentir a la ciudadanía.

Según los ideólogos del Partido Popular y el gobierno, ETA había participado en los mismos buscando revertir y desestabilizar el proceso electoral del 14 de marzo; siendo los atentados un montaje para arrebatarles el gobierno y beneficiar al PSOE. El triunfo contra pronóstico de Rodríguez Zapatero les confirmó su hipótesis. La teoría de la conspiración ocupó todos los espacios. En esta línea, la dirección del Partido Popular, a pesar de la sentencia con pruebas inculpatorias demostrando que los autores materiales del atentado fueron células islamistas radicales de Al Qaeda, continúa negando la evidencia con la ya tradicional coletilla: *se acata pero no se cumple.* Igualmente, señalan que los atentados del 11-M tenían *in mente* la organización de un «acoso» posterior a sus sedes partidarias. Lo cual no solo era un atentado contra el Partido sino que constituía una violación de la ley electoral que perjudicaba su imagen. Algunos de sus líderes y la prensa afín llegaron a plantear la suspensión y aplazamiento de las elecciones. Hasta hoy día, pasada una década, la cúpula del Partido Popular mantiene que fue víctima de un complot urdido con el fin de despojarle del gobierno de la nación.

Con el 15-M, la teoría conspiradora también está presente. En esta ocasión, los hilos se desplazan hacia redes complejas de neoconservadores cuyo objetivo sería alterar el orden social con la finalidad de realizar cambios profundos desbaratando cualquier alternativa de izquierda. Los partidarios de esta lectura presentan pruebas y consideran ajustada su interpretación. La emergencia del 15-M a solo siete días de celebrar unas elecciones autonómicas y municipales, les otorga el primer argumento. Algunos plantean que su aparición, en medio de una sosa campaña electoral, precipitó la debacle del PSOE el 22 de mayo y favoreció el triunfo del Partido Popular. La teoría de la conspiración tiene sus seguidores. Siempre es atractivo pensar que hay movimientos sociales cuya lógica no está en organizar la indignación, sino en el lado oscuro de la fuerza y el poder. Lo cual no es razón para negar la existencia de planes estratégicos elaborados por los centros de inteligencia con el fin de controlar la dirección de los cambios políticos. Basta con recordar los procesos desestabilizadores y golpes de Estado en países de África, Asia o América Latina tendentes a eliminar a gobiernos democráticos, nacionalistas y antiimperialistas. El caso más sobresaliente, por su impacto mundial, es sin duda Chile: el 11 de septiembre de 1973, las fuerzas armadas, apoyadas por Estados Unidos, concluyeron un plan urdido el mismo instante en que Salvador Allende y la Unidad Popular ganaron las elecciones: el 4 de septiembre de 1970. El asalto al Palacio de La Moneda se fue tejiendo por medio de asesinatos políticos, desabastecimiento, mercado negro, paros patronales, huelgas bastardas, amén del empleo de protestas como las caceroladas, sabotajes, quema de vehículos públicos, etcétera. Este conjunto de acciones, perfectamente diseñadas, es el justificante para derrocar el gobierno legítimo y constitucional de Salvador Allende, arguyendo ingobernabilidad[1].

El 15-M se encuentra sometido a dos vertientes de la teoría de la conspiración. Por una parte las provenientes de la derecha po-

---

[1] Existen múltiples textos que han descifrado la trama del golpe militar chileno. Sin embargo, aparte de los documentos secretos de la CIA y la ITT, tal vez lo mejor sea recurrir a uno de los personajes centrales de la historia de Chile de ese periodo, el general en jefe de las Fuerzas Armadas, Carlos Prats. Su autobiografía de más de seiscientas páginas, *Testimonio*, es un referente único para comprender ese proceso desestabilizador. Igualmente, puede ser útil el texto de Henry Kissinger, *Mis memorias*, por aquella época secretario de Estado de Nixon y uno de los responsables de trama y las acciones encubiertas contra el gobierno de Chile.

lítica y mediática, cuyos dirigentes y portavoces han decidido validarlas para justificar la represión y descalificar su existencia. Son superficiales y pretenden ligar su existencia a una maniobra diseñada por PSOE para capitalizar el descontento, revertir la pérdida de votos y obtener réditos políticos a corto plazo. Quien primero ha tomado la delantera en el uso de esta trama conspirativa ha sido la presidenta de la Comunidad de Madrid, Esperanza Aguirre:

> La izquierda está intentando manipular el movimiento Democracia Real Ya contra el Partido Popular [...] Este movimiento es muy heterogéneo ya que en él hay personas que tienen reivindicaciones y en algunos casos una indignación muy justificada de lo que está pasando[2].

Una cal y otra de arena. Hay manipulación y conspiración, pero la indignación tiene raíces legítimas, la mala acción del gobierno y el PSOE. Más adelante, la «lideresa» del Partido Popular acusará directamente al 15-M de pretender llevar a cabo un golpe de Estado contra las instituciones democráticas. En esta misma dirección se manifestará otro dirigente de la derecha española, Francisco Álvarez Cascos, exministro de Aznar y exsecretario general del PP. Su discurso le atribuía un papel desestabilizador orquestado por la izquierda política:

> Todos estos movimientos no son casuales, ni son espontáneos ni en las fechas ni en los contenidos [...] Tengo las evidencias de que siempre se eligen los momentos en los que el que quiere mantener el poder necesita utilizar el juego sucio y no tengo ninguna duda de que detrás de este montaje que se está produciendo y que se está instrumentalizando a gentes, son sinceramente de izquierdas.

Sin embargo, algo fue calando a medida que el 15-M se consolidaba en la escena política. La duda sobre sus orígenes ha crecido

---

[2] Página web: http// www/: eleconomista.es. Noticias, miércoles 18 de mayo de 2011.

hasta el extremo de enturbiar su desarrollo. En este sentido, todas las miradas se dirigen hacia la Plataforma Democracia Real Ya[3]. Y es aquí donde anida la teoría de la conspiración.

Para los amantes de la teoría conspiratoria, el origen de la plataforma Democracia Real Ya hay que buscarlo en la derecha y la necesidad de introducir reformas de hondo calado en la sociedad española, todas ellas de signo conservador. Lo cual haría necesario impulsar plataformas políticas que provocasen dicho efecto para justificar reformas impopulares, regresivas y reaccionarias. Sin asumir la tesis defendida por Naomi Klein en su libro, *La doctrina del shock. El auge del capitalismo del desastre*, quienes avalan la teoría de la conspiración sitúan el papel de la plataforma Democracia Real Ya como la punta de lanza de una orquestada política de la derecha neoconservadora para modificar el escenario en el medio y largo plazo.

En esta tarea de difundir la teoría de la conspiración están inmersos militantes, teóricos e intelectuales pertenecientes a la izquierda, tanto política como social. En algunos casos la trama se vuelve alambicada y los análisis recurren a las tesis fundadas en la razón de Estado. Con argumentos más o menos creíbles han logrado captar la atención y hacer patente esta posibilidad, sembrando la duda sobre los objetivos y fines del 15-M dentro de unos planes para desestabilizar la izquierda.

Los abonados a la teoría de la conspiración confluyen en señalar que se trata de una estrategia dentro de la guerra psicológica.

---

[3] Los días siguientes a la manifestación todos los periódicos y medios de comunicación social pusieron caras, nombres y apellidos a los impulsores de la manifestación del 15-M. Se atribuyó a cuatro miembros fundadores de la Plataforma Democracia Real Ya: Carlos Paredes, Aida Sánchez, Francisco López y Fabio Gándara, el grueso de la organización y la convocatoria. Televisiones, cadenas de radio, programas de tertulianos, etcétera les darán la palabra y entrevistarán como los portavoces, aunque estos negarán tal condición. «No damos abasto.» Esa fue la expresión utilizada por ellos mismos para referirse a la vorágine iniciada el 16 de mayo. De entre ellos destacará la persona de Fabio Gándara.

En su despliegue esta busca transformar la sociedad civil, orientando los cambios de manera sincronizada hacia la dirección adecuada, el cierre de las opciones de una revolución social anticapitalista. Para este fin se apoyaría en organizaciones creadas *ex post*, cuyo rol sería dar legitimidad institucional y justificación política al cierre de espacios democráticos. Uno de los documentos más difundidos en la red, que alerta del peligro del 15-M como el caballo de Troya de la derecha, lleva como título *Movimiento 15M: atención a la guerra psicológica o guerra de 4ª generación*. Curiosamente, su redacción se presenta a los lectores de forma anónima y su autoría es un secreto.

En plena euforia mediática de la «revolución democrática» de los «indignados» en España señalamos que se trata (y más allá de la buena intención de sus participantes) de una nueva estrategia de movilización masiva basada en un trípode convergente: Internet, teléfonos celulares y grandes cadenas mediáticas... Estas herramientas de movilización y protestas masivas, como la que está funcionando en España, atacan al «empleado» (los políticos) y preservan los intereses del Estado y el sistema capitalista, sirviendo funcionalmente como instrumentos de «golpes democrático-institucionales» por medio de los cuales los grupos de poder local definen su interna electoral y su guerra por el control del gobierno y del mercado interno [...] Precisamos que se trata de una nueva herramienta de movilización y manipulación de conducta social (orientado y detonado desde técnicas de guerra psicológica) presentado como si fuera un «fenómeno espontáneo» de las redes en Internet [...] Para entender lo que hay detrás de lo que hoy se presenta mediáticamente como «rebeliones espontáneas» contra diferentes gobiernos, hay que bucear en los manuales de la Guerra de Cuarta Generación, que es el término usado por analistas y estrategas militares para describir la última fase de la guerra imperialista de conquista, en la era tecnológica de la informática y de las comunicaciones globalizadas. El desarrollo tecnológico, telecomunicacional e informático, la globalización del mensaje y las capacidades de influir en la opinión pública mundial, convirtieron la

Guerra psicológica Mediática en el arma estratégica dominante de la Guerra de Cuarta Generación, a la que se agregó una variante «contraterrorista» tras el 11-S. En su desarrollo mediático-social, los jefes de Estado Mayor de la Guerra psicológica ya no son militares, sino expertos comunicacionales en insurgencia y contrainsurgencia, que sustituyen a las operaciones militares [...] Ya no se desarrollan sus planificaciones en unidades o cuarteles militares, sino en laboratorios encubiertos de las grandes estructuras mediáticas de comunicación masiva y las redes de internet infiltradas por la inteligencia[4].

Siguiendo esta lógica, hay otras propuestas complementarias. Entre unas y otras, van construyendo eslabones que acaban por ser una cadena. Con mayor o menor fortuna, y un lenguaje más o menos apocalíptico, a pocos días de haberse producido la Acampadasol, en el primer texto editado sobre el 15-M, donde se recogen artículos de Eduardo Galeano, Julio Anguita, José Luis Sampedro, Vicenç Navarro o Carlos Taibo, aparece el ensayo de Benjamín Balboa «Toma la Plaza, La revolución Naranja de Sol y los resultados electorales de las elecciones 2011»[5]. En su exposición advierte:

> Estamos en condiciones de afirmar y de probar que *Toma la Plaza*, *15M*, *Spanishrevolution acampada X*, *No les votes*, *Juventud sin Futuro*, facetas de un mismo núcleo, son una operación encubierta de gran calado. La revolución Naranja 2.0. [...] Tómese un sistema agotado y corrupto, una población preocupada y empobrecida, pero llena de ilusiones de consumo y borracha de valores posmodernos inducidos por la televisión y la sociedad de consumo que esta muestra, con los partidos tradicionalmente desprestigiados, los sindicatos comprados y

---

[4] http://madrid.indymedia.org/taxonomy/term/22. Anónimo. «Movimiento15M: Atención a la guerra psicológica o guerra de 4ª generación» [23/08/2011].

[5] Me refiero al libro coordinado por Fernando Cabal, *¡Indignados! 15-M*, de la Editorial Mandala Ediciones, aparecido en junio de 2011, y cuyos beneficios, señalaban sus editores, se entregarían íntegramente al 15-M.

la izquierda social inerme. Movilícese a la juventud con proclamas sencillas, imaginativas y un discurso «buenrollista» y que busque la unidad, el cambio, etcétera, pero todo «despolitizado». «Sin referentes históricos» y completamente aislado de las tradiciones de lucha revolucionaria que pudiere haber en ese pueblo. Adóptense símbolos propios nuevos, que no digan nada, y combátase el contacto con los grupos críticos reales. Añadir técnicas de comunicación modernas, buen diseño corporativo, animación sociocultural variada y ¿que tenemos? *Pues tenemos una Revolución Naranja.* [...] Tenemos que denunciar esta operación con toda energía. Si se participa en el movimiento asambleario actúese con energía y claridad. Defiéndase cada metro de terreno. No cedáis un milímetro. Necesitamos a todos, a todas las organizaciones sociales y políticas y a todas las personas que quieran resistir[6].

Asimismo, en esta línea argumental, la pagina web Antiimperialista.blogia.com publica otro artículo: «El 15-M como punta de lanza de nuevas reformas neoliberales. Coincidencias entre el informe *Transforma España* de la Fundación Everis y el 15-M». Su lectura no deja indiferente, sobre todo cuando dice descubrir que uno de los portavoces iniciales del 15-M, entrevistado repetidas veces por televisión española y otros medios de información, es Tomasz Szabelewski, consultor de negocios de la Fundación Everis, asesor de Business Consultant en Horus Strategy y asistente de comunicación en Splenter Films.

El artículo sugiere que el Informe redactado en 2010 y entregado al Rey, *Transforma España*,

> propone, al igual que el movimiento 15-M, una superación del actual marco o sistema político y económico, pues (como ambos afirman) ya no es útil en estos momentos históricos para dar solución a los problemas de la sociedad española, frente a los cuales, plantea también propuestas calcadas a las del 15-M, como la reforma del actual modelo de

---

[6] Benjamín Balboa, *op. cit.* pp. 37-45.

Estado (herramienta principal de dominación de clase), la reforma del sistema político y del sistema financiero español. [...] Pero que nadie se engañe, [...] tras la idea de una reforma de la política española, no está el propósito de conseguir más democracia, sino una mayor concentración de poder [...] Las coincidencias entre las críticas del informe *Transforma España* y el movimiento 15-M hacia las deficiencias del actual sistema político económico así como los métodos para superarlas propuestos por ambos no son casuales [...] Todo apunta, por lo tanto, a un plan perfectamente trazado y elaborado, desde hace unos años, por la oligarquía financiera española y mundial, para llevar a cabo una renovación y un fortalecimiento del sistema esclavista neoliberal, disfrazado bajo proclamas de intelectuales seudoizquierdistas (pero marcadamente globalistas) como Stéphane Hessel *(Indignaos)* o Federico mayor Zaragoza *(Reacciona)* y camuflado bajo la apariencia de demandas populares... En otras palabras, se busca una reorganización, en toda regla, del sistema imperial-capitalista[7].

Se trata de una lógica perversa y llena de claroscuros. La indignación se traduce en una elaborada y perfecta trama tendiente a

---

[7] Véase http://antimperialista.blogia.com/2011/060801-el-15-m-como-punta-de-lanza-de-nuevas-reformas-neoliberales.-coincidencias-entre.php. La fundación Everis se creó en el año 2001 y su presidente es Eduardo Serra, primero secretario de Estado con el PSOE en 1984 y ministro de Defensa con el Partido Popular. Entre sus directivos figuran José Ignacio Goirigolzarri, consejero delegado del BBVA, Antonio Massanell, Director Ejecutivo de la Caixa y Telefónica. El informe *Transforma España*, elaborado en 2010, fue firmado por una centena de empresarios, economistas y expertos, entre otros, el presidente de Telefónica César Alierta, Baldomero Falcones de FCC y José Manuel Entrecanales (Acciona). Pero entre las compañías que firman figuran empresas como Zara, CEPSA, REPSOL, Banco Santander, Grupo Vocento, MAPFRE, Endesa, Iberia, Prisa, Planeta, Vodafone, Iberdrola, Telefónica, Bankinter, Grupo Merck, ONO o Grupo Leche Pascual. Igualmente, entre los personajes, muchos de ellos exministros, asesores y secretarios de Estado con UCD, el PSOE y PP, están Eduardo Punset, Emilio Lamo de Espinosa, Amando de Miguel, Juan Diez Nicolás o el mismísimo psicólogo José Antonio Marina Torres (para quienes tengan interés en el documento pueden acceder en la siguiente dirección electrónica: fundación@everis.com).

desarticular cualquier opción política anticapitalista desde la izquierda, utilizando sus propias lógicas de movilización política. Cocinados en su propio jugo. De esta manera, empresarios, banqueros, comerciantes, militares y políticos buscan una salida para mantener su poder, facilitando a los fabricantes de productos contaminantes y tóxicos seguir haciéndolo, a los banqueros conseguir más desregulación, a los comerciantes y empresarios pagar menos impuestos y al estamento militar no ver reducidas sus partidas presupuestarias en tiempos de crisis.

La teoría de la conspiración alude a estrategias para direccionar el cambio social. Crear dinámicas, favorecer estados de opinión y movilizar a la población para legitimar reformas políticas. Pueden fomentar el caos, hablar de incertidumbre, ingobernabilidad y crear pánico haciendo que la profecía se cumpla. Es una vieja táctica que da réditos a sus patrocinadores. No olvidemos que en medio de la última campaña electoral la prima de deuda subió de 360 a 500 puntos de forma inesperada, creando una gran alarma y poniendo en el horizonte la posibilidad de un rescate. Todo para decantar el voto hacia el Partido Popular y su candidato Mariano Rajoy.

Esta maniobra desestabilizadora fue aplicada en Chile en 1970, nada más triunfar la Unidad Popular. El ministro de Hacienda del gobierno saliente, perteneciente a la Democracia Cristiana, Andrés Zaldívar, realizó un discurso por cadena nacional de radio y televisión alertando de la fuga de capitales, consecuencia del triunfo de Salvador Allende y el miedo de los inversores a sufrir expropiaciones y nacionalizaciones. Fue el principio de las campañas desestabilizadoras. En España este discurso tremendista, cuyo objetivo es provocar cambios drásticos en el corto plazo, también se utilizó por ambos partidos mayoritarios, PSOE y PP, a la hora de justificar la reforma de la Constitución. Para ello, se dijo que de no hacerlo el Estado entraría en una situación similar a la bancarrota presupuestaria. Esta es la única manera de entender el pacto entre Rodríguez Zapatero y Rajoy, y sus grupos parlamentarios, para legitimar la reforma constitucional que pone límites a la inversión en políticas sociales como vivienda, educación, sanidad o transportes, si ello tiene como resultado un déficit fiscal insostenible para cumplir con Europa.

Se pueden concebir horizontes futuribles que contemplen cambios radicales en las políticas públicas y sociales en sanidad, vivienda, educación, mercado laboral y política exterior. Escenarios diseñados para cerrar fisuras en la estrategia del capital financiero por adueñarse definitivamente del proceso de toma de decisiones políticas. La teoría de la conspiración es una herramienta para introducir desconfianza y ver el 15-M como un instrumento idóneo, ligado al neoliberalismo, dentro de una estrategia global sin más horizonte que la sumisión y la pérdida de valores democráticos y libertarios. Algo que no dista demasiado de los análisis propuestos por Daniel Estulin, maestro de la teoría conspiradora, cuando explica el papel del Club Bilderberg como los verdaderos amos del mundo[8].

Como se puede ver, hay un campo abonado para que la teoría de la conspiración florezca fuerte y sana. ¿Cuánto de ficción hay en ella y cuanto de realidad? No lo sabemos y tampoco se puede entrar en el juego de averiguarlo. Dicho lo cual, no podemos desconocer los mecanismos utilizados por el poder y la razón de Estado para crear desconcierto y provocar la parálisis de movimientos ciudadanos que, afectados por este virus, ven como pierden fuerza bajo la creencia de estar manipulados.

---

[8] Véase Daniel Estulin, *Los secretos del Club Bilderberg* y *La verdadera historia del Club Bilderberg*, ambos publicados en la Editorial Planeta, Barcelona, 2010 y 2007, respectivamente.

CAPÍTULO VII
LAS LUCHAS POLÍTICAS EN EL INTERIOR DEL 15-M

El 15-M está sometido a tensiones. No es fácil articular consensos ni definir actuaciones. Requiere paciencia y diálogo. Hoy su existencia genera complicidades. Sus reivindicaciones son apoyadas por una mayoría social, lo cual explica los intentos por controlar y dirigir sus decisiones por parte de la izquierda política institucional y social con presencia activa en los movimientos sociales. En la actual coyuntura, el papel protagónico del 15-M y la simpatía que despierta en la población le hace ser objeto de deseo. Al respecto, Jaime Pastor señala:

> Parece incuestionable la centralidad de este movimiento en el nuevo ciclo que por fin se abre y, a la vez, sería destructivo para él convertirlo en campo de confrontación o instrumentalización por parte de deferentes corrientes políticas. Más bien, habría que apostar porque siga descubriendo nuevas grietas en el sistema para así ir abriendo brechas que contribuyan a la construcción progresiva de un bloque social, político y cultural contrahegemónico frente al bloque actualmente hegemónico y en ascenso de la derecha. Los partidos de la «izquierda de la izquierda», el nuevo sindicalismo alternativo que sea capaz de emerger a la superficie incluso dentro de los sindicatos mayoritarios, así como los distintos movimientos sociales alternativos, deberían insertarse en ese proceso de construcción del bloque antagonista con humildad y deseos de aprender de toda creatividad que en sus debates, formas de organización y repertorios de acción está mostrando el 15-M para poner en práctica efectiva otra política y otra forma de hacerla[1].

---

[1] Jaime Pastor, *op. cit*. Este artículo también puede consultarse en el n.º 189 de la edición de julio de 2011 de *Le Monde Diplomatique*.

Resulta complejo dar una explicación a luchas y opciones que se dan al interior del 15-M, donde la suspicacia de infiltración y manipulación de los movimientos sociales está presente, en tanto restos de la dictadura franquista. Bajo esta losa, la desconfianza flota en el ambiente. Si algún advenedizo, sin pedigrí político, interviene en las asambleas, todo apuntará a ser considerado como un infiltrado o a mirar con recelo su participación.

En el 15-M confluyen militantes de izquierda, progresistas o socialdemócratas, y nadie parece cuestionar su procedencia. Ser de Izquierda Unida, Juventudes Socialistas, Partido Comunista, Izquierda Anticapitalista, Corriente Roja o Red Roja, así como tener carnet de Comisiones Obreras, UGT, CGT o ATTAC no supone ser excluido del 15-M. Otra cosa sucede cuando se rechaza su comportamiento como instituciones. La adscripción al 15 de este magma político de la izquierda es a título personal, aunque nadie duda de los intereses que pueden existir por parte de dichas organizaciones para dirigir el camino de los indignados. Como dato sirva el documento elaborado por ATTAC tras las elecciones del 20 de noviembre y que forma parte de las ponencias centrales presentadas en su Asamblea General, a la semana siguiente al triunfo del Partido Popular. Veamos cómo inicia su argumentación:

> ¿Adónde se dirige el 15-M? Resulta difícil saberlo, ya que se ha abierto un periodo de indefinición, y cierto caos, que aconseja ser prudentes. *Quizá la pregunta correcta sea: ¿a dónde queremos que se dirija el 15-M?* A este respecto hay dos visiones distintas, que también se pueden ver en las asambleas y grupos dentro del movimiento: i) una postura considera al 15-M un movimiento más o menos reformista, que busca mejorar la presente democracia y el ordenamiento social y económico dentro de sus márgenes [...]. Otra postura considera que el 15-M debe ser un movimiento transformador y que debe abrirse a un periodo de cambio más profundo, o si se prefiere, constituyente, partiendo del análisis que entienda la actual crisis como sistémica y no resultado de una malas prácticas regulables por ley [...] Que además sea capaz de crear movimiento, es decir, salir a la calle y movilizar cada vez

más activistas, ganando peso e influencia como organización, lo cual le permitiría apoyar y potenciar determinadas acciones dentro del 15-M. Claro está que estas opciones dependen de lo que en ATTAC consideremos que debe ser el 15-M. ¿En qué nos gustaría que se convirtiese, en un simple movimiento de reforma o en un proceso amplio y constituyente? ¿Y cuánto estamos dispuestos a apostar como organización para que, sea lo que sea que queramos, se haga realidad [...]?[2]

Lo dicho por ATTAC no se aleja de lo planteado por otras organizaciones al preguntarse cuál debería ser su papel y cómo se debe encauzar su futuro en la actual coyuntura política y social. Muchos consideran legítimo obtener réditos si forman parte del 15-M. Más aún si tales propuestas proceden de la izquierda social y política reconocida. Sin embargo, a sus militantes no les parece tan legítimo cuando las propuestas provienen de organizaciones noveles, cuyos dirigentes no tienen pasado reconocido ni padrinos que les avalen. Esta actitud de rechazo discriminatoria no está presente si tales organizaciones noveles tienen como fundadores a dirigentes que han pertenecido a Izquierda Unida o a movimientos sociales de vieja data. Es el caso de Juventud sin Futuro y Equo, cuyos miembros provienen de Izquierda Unida, el Partido Comunista, Ecologistas en Acción y su presencia no ha sido cuestionada.

Algo distinto ocurre con la plataforma Democracia Real Ya. En este caso se levanta la voz de alerta. Sus dirigentes no tienen pasado político reconocido. Así comienzan a circular interpretaciones e rumores sobre sus objetivos. Se cuestiona la procedencia de sus dirigentes y de sus fondos. ¿Por qué? No hay muchas respuestas posibles, la más clara se encuentra en su papel protagónico en la convocatoria del 15 de mayo de 2011, origen posterior del movimiento ciudadano 15-M.

Puestos en esta tesitura, existen opiniones encontradas sobre el excesivo protagonismo de algunos de sus dirigentes, achacándoles

---

[2] «*ATTAC y el 15M*», documento para el debate entregado en la Asamblea General de ATTAC, celebrada en Madrid días 26 y 27 de noviembre de 2011. La cursiva es nuestra.

un intento de manipulación y control en las distintas comisiones de trabajo y asambleas de barrio, llegando a boicotear su desarrollo si no obtienen los resultados previstos. Democracia Real Ya es una organización diversa en lo ideológico, entre sus miembros podemos encontrar intelectuales, profesionales, jóvenes, estudiantes universitarios y exmilitantes de izquierda, pero también quienes se declaran abiertamente desafectos y rechazan la acción política proveniente de los partidos políticos. Es aquí donde surgen dudas, en su interior habita un núcleo procedente del Partido Humanista, organización que ha sido cuestionada por una parte importante de la izquierda española, llegando incluso a ser un obstáculo para el desarrollo de Izquierda Unida, siendo excluida de dicha formación a mediados de los años noventa del siglo pasado.

En cualquier caso, los militantes de la plataforma Democracia Real Ya están sometidos a una campaña de desprestigio asentada en la estrategia del rumor, cuyo objetivo es minar las bases del 15-M. Democracia Real Ya es su eslabón más débil y por eso sufre los embates más duros. Con menos historia y mucha incertidumbre sobre sus planes es un flanco vulnerable y las miradas se centran en el comportamiento de sus dirigentes. Y como suele ser normal, siempre hay campo abonado para cuestionar la transparencia y credibilidad de sus portavoces. Tomemos como ejemplo el rifirrafe protagonizado por uno de sus fundadores y portavoz relevante, Fabio Gándara. Sus declaraciones no han dejado indiferente a nadie y se han convertido en el blanco perfecto para demostrar la opacidad de Democracia Real Ya.

Kaosenlared, una de las páginas digitales más consultadas por la izquierda española, publica un artículo dudando de la honestidad de Gándara, aludiendo a extraños intereses personales sobre los motivos que le habrían llevado a participar en el movimiento ciudadano del 15-M. Bajo el título: «Aventuras y desventuras de Fabio Gándara, "portavoz" de DRY y un "gran" político en ciernes»[3]. Su

---

[3] http://old.kaosenlared.net/noticia/aventuras-desventuras-fabio-gandara-portavoz-dry-gran-politico-ciernes.

autor, Pedro Antonio Honrubia, resalta el personalismo de Gándara y sus ansias por tomar el control dentro de DRY. Lo acusa de mantener relaciones ocultas con la derecha política y el PSOE, al margen de su organización. Sin embargo, el imputado, Fabio Gándara, siembra más dudas y da pie a considerar como ciertas las acusaciones cuando redacta su respuesta. En su Facebook, según Kaosenlared, Gándara señala su hartazgo:

> Sinceramente, estoy pensando en que DRY está dejando de tener sentido [...] Creía que iba a ser cuestión de tiempo que nos reorganizásemos para convertirnos en una organización abierta pero muy proactiva que, frente a procesos «más populares» en los que se fomentaba ante todo el debate, íbamos a poder ser una especie de foro dinamizador del 15-M, con capacidad de trabajo, reacción rápida y de desarrollo de actuaciones bien pensadas. Desgraciadamente, no veo nada de eso: frente a todo pronóstico, somos totalmente incapaces de organizar y dinamizar absolutamente nada: ni en cuanto acciones, ni en cuanto a contenidos. Llevamos ya mucho tiempo yendo por detrás de los acontecimientos, sin tener una mínima estructura de trabajo y sin tener ni una puñetera idea de adónde vamos. Desde las acampadas organizan debates alternativos al estado de la nación, charlas de expertos, canales de video, acciones, contactos con activistas de otros países, desarrollan propuestas y contenidos con ayuda de expertos [...] Por otro lado, un grupo de 15 personas es capaz de montar un referéndum para promover cambios reales en la sociedad. Podrá tener sus errores, pero es una iniciativa muy trabajada, innovadora e impactante. Mientras tanto, en DRY solo sabemos debatir durante horas en asambleas para no acabar haciendo absolutamente nada de cara a la sociedad. Y se esto es así en los grupos locales, ya no digamos a la hora de hablar del grupo general, un nido de mal rollo en el que en vez de salir propuestas solo hay gente analizando conspiraciones contra DRY y fiscalizando las actuaciones de sus compañeros de otras ciudades [...] No sé, cada día que pasa estoy más desilusionado con todo esto y no veo nada que pueda devolverme la

ilusión que un día tuve, a pesar del cariño que os tengo a la mayoría de vosotros[4].

Las batallas internas, descalificaciones y la estrategia del rumor, hacen mella. Reales o ficticias, afectan a las personas y minan la organización. Por suerte, tales acciones no han significado una deserción masiva. Pero a medida que pasan los meses, el desgaste corroe los cimientos y afecta al 15-M. A las reuniones iniciales convocadas en las plazas y pueblos con una gran participación ciudadana le han sucedido, salvo excepciones, asambleas más militantes y menos entusiastas.

Este es uno de los grandes dilemas presentes en el 15-M tras las elecciones. ¿Cómo encarar las acciones en medio de una sociedad como la española, acostumbrada, en las últimas décadas, a convertir ciudadanos en consumidores y sujetos activos en espectadores pasivos de los cambios, siempre con excepciones, y a vivir bajo la egida del «sálvese quien pueda, pero yo el primero»? El social-conformismo ha sido la estrategia para desagregar y desarticular la cultura política ciudadana. Instalados en el desánimo de la razón crítica, la reflexión teórica y la despolitización, el 15-M se presenta como un punto de inflexión. Sin embargo, junto a él, existen otros movimientos ciudadanos cuya actuación se da, igualmente, en este contexto, una sociedad civil desarticulada y con síndrome de la anomia social. Romper esta inercia para crear otra dinámica es el gran reto del 15-M.

La lucha es desigual. El neoliberalismo apuesta por mantener vigente la estrategia de la despolitización ciudadana, decantándose por el retorno del idiota social, un individuo preocupado únicamente por satisfacer sus intereses egoístas, que menosprecia y descarta la participación en los asuntos públicos, asumiendo una posición de indiferencia ante los recortes, la privatización de la sanidad, la educación y la pérdida de derechos sociales y políticos. Antonio Gramsci, hace ya casi un siglo (1919), se manifestó tajante ante este sujeto indiferente:

---

[4] *Ibidem.*

La indiferencia es el peso muerto de la historia. Es la bola de plomo para el innovador, es la materia inerte en la que a menudo se ahogan los entusiasmos más brillantes, es el pantano que rodea a la vieja ciudad y la defiende mejor que la muralla más sólida, mejor que las corazas de sus guerreros, que se traga a los asaltantes en su remolino de lodo y los diezma y los amilana, y en ocasiones los hace desistir de cualquier empresa heroica. La indiferencia opera con fuerza en la historia. Opera pasivamente, pero opera. Es la fatalidad, aquello con lo que no se puede contar, lo que altera los programas, lo que trastorna los planes mejor elaborados, es la materia bruta que se rebela contra la inteligencia y la estrangula. Lo que sucede, el mal que se abate sobre todos, el posible bien que un acto heroico (de valor universal) puede generar no es tanto debido a la iniciativa de los pocos que trabajan como a la indiferencia, el absentismo de los muchos. Lo que ocurre no ocurre tanto porque algunas personas quieren que eso ocurra, sino porque la masa de hombres abdica de su voluntad, deja hacer, deja que se aten los nudos que luego solo la espada puede cortar, deja promulgar leyes que después solo la revuelta podrá derogar, dejar subir al poder a los hombres que luego solo un motín podrá derrocar[5].

El 15-M ha tenido el mérito de poner encima de la mesa y cuestionar esta realidad como la única posible. Su agenda es clara: i) rescatar del mercado la ciudadanía y ii) dar un nuevo impulso a la política, rompiendo esta actitud de indiferencia y obligando a tomar partido, en una u otra dirección[6]. Como tal, el 15-M se ha trans-

---

[5] Antonio Gramsci, *Odio a los indiferentes*, Barcelona, Editorial Ariel, 2011, pp. 19 y s.

[6] En contraposición a la indiferencia, el social-conformismo es un comportamiento cuyo rasgo característico es adoptar conductas inhibidoras de la conciencia en el proceso de construcción de la realidad. Se presenta como un rechazo hacia cualquier actitud que conlleve enfrentamiento con el orden y el poder constituido. Se articula socialmente por medio de la creación de valores y símbolos que tienden a justificar la indolencia como un mejor proceso de adaptación al sistema-entorno al cual se pertenece y vive. Véase Marcos Roitman, *El pensamiento sistémico: Los orígenes del social-conformismo*, México, Siglo XXI de México, 3.ª reimpresión, 2010.

formado en un dique de contención a la despolitización creciente. Su heterogeneidad, horizontalidad y carácter asambleario le proporcionan un rasgo único. Y si en sus orígenes pudo haber un proyecto diseñado por las instituciones neoliberales para apuntalar el sistema, hoy se les ha ido de las manos. El 15-M se ha dotado, a pesar de su juventud, de una dinámica propia. En esta peculiaridad radica su grandeza y su talón de Aquiles. Sin duda, su futuro depende, en parte, de su capacidad para absorber los conflictos entre las diferentes organizaciones que le dan vida.

Las elecciones del 20 de noviembre, con sus resultados, son un punto de inflexión en su desarrollo. Mantener su presencia en la vida política, en tanto movimiento social ciudadano, puede coadyuvar a la creación de un proyecto político donde quepan todos, sin dejar de perder su identidad: ser un movimiento social cuyo objetivo no consiste en disputar el poder dentro de la sociedad política sino más bien incidir en su reformulación y configurar resistencias.

Los conflictos que se han dado, hasta el momento, provienen de las consignas incorporadas al margen de la dinámica asamblearia del 15-M y del excesivo protagonismo de alguno de sus participantes. La debilidad del carácter y el oportunismo se aúnan para crear un coctel peligroso que es más propio de la política espectáculo. Salir en televisión, ser entrevistado en radios o ser demandado para escribir artículos en algún periódico de tirada nacional, es un buen aliciente para los arribistas de siempre. El sistema juega esa carta, ofreciendo una buena carrera política y un futuro profesional prometedor a cambio de frenar el movimiento. No solo el dinero es fuente de corrupción.

El 15-M es un movimiento social sometido a vaivenes, no se trata de una experiencia impoluta, sus raíces se encuentran en la sociedad neoliberal. La lucha por destruirlo y la manera de evitarlo da lugar a múltiples y complejas formas de participación, donde destacan un concepto diferente del tiempo político, así como la articulación en red de la información y un lenguaje nacido de la experiencia participativa. Atreverse a pensar y actuar para enfrentar viejos problemas ha llevado a descubrir prácticas inéditas de lucha contra el capitalismo salvaje que deben ser incorporadas al acervo cultural de los movimientos sociales populares.

En la batalla por destruir el 15-M, el poder se infiltra en la organización. No se puede ser ingenuo, el movimiento ha sido infiltrado por las fuerzas de seguridad del Estado y los servicios de inteligencia civil y militar. Los miembros del 15-M son conscientes de ello y han acuñado diferentes conceptos para referirse a ellos y, de paso, defenderse. En las comisiones de trabajo y asambleas se habla de *trolls* o troles, acepción proveniente del mundo de los gnomos. Los *trolls* son gigantes que hostigan, persiguen y molestan, secuestran, amordazan o hacen cosquillas; en definitiva, rompen su dinámica de trabajo. En el 15-M, los *trolls* se homologan a quienes buscan reventar el movimiento. Son personas que intervienen con discursos diletantes haciendo imposible consensuar mínimos de actuación. Buscan frenar y desarticular las propuestas. Perfectamente podrían caer en la categoría de «quinta columna». Sus métodos son los mismos utilizados por los servicios de inteligencia y contrainsurgencia.

Otra estrategia para paralizar el 15-M es promover la intoxicación informativa insertando en la red artículos, casi siempre anónimos, donde se mencionan propuestas, debates y convocatorias. La política del rumor y las soflamas aparecidas en la red provocan, como poco, un cortocircuito. Por ejemplo, entre la mayoría de los participantes del 15-M existe una suspicacia y un rechazo a transformarse en un partido o una plataforma política electoral. Por tanto, la mejor manera de intoxicar el movimiento es poner esta propuesta encima de la mesa de manera prioritaria. Hacerlo constituye un motivo para el desencuentro, paraliza y retrae a los militantes más reacios y críticos con la actuación de los partidos de seguir participando en el 15-M.

Otro mecanismo deslegitimador consiste en llamar a movilizaciones desde la red, intoxicando con informaciones falsas. En este sentido se levantó un rumor que pudo traer consecuencias graves para el 15-M. A través de la red, por mensajes a móviles, *Twitter* y correos electrónicos corrió la noticia de que durante el desalojo de los indignados acampados en la Plaza de Cataluña, en Barcelona, la brutal saña policial había concluido con una víctima mortal, lo cual obligaba a movilizarse inmediatamente frente a las delegaciones de gobierno y el Ministerio de Interior. El rumor se adueñó de la red en pocos minutos, pero se esfumó sin saber cómo una vez que se comenzó a contrastar el origen de tal información.

En este mar de desconfianza, todos dudan de todos y nadie reniega de que el 15-M está infiltrado. A diferencia de los *trolls*, se han identificado otros sujetos que han acabado con el mote de «mirones». No hablan, escuchan, hacen fotografías y toman notas. Se dice que son informantes de los servicios de inteligencia. Su trabajo consistiría en identificar y controlar a los miembros más activos del movimiento. Su presencia se ha detectado en las asambleas de barrio, en Acampasol y en conferencias al aire libre en las plazas de los barrios. Pero, siempre aparece una duda razonable y la pregunta inmediata: ¿serán o no serán?

Bajo este manto hay cierta paranoia y delirio de persecución, pero infiltrados hay y deben hacer bien su trabajo de zapa. No sería el primer caso ni el último. Se camuflan y son difíciles de identificar. La experiencia de ello en la izquierda tiene larga data. Miembros de comités centrales han formado parte de los servicios de inteligencia de las fuerzas armadas o policiales. Recordemos que fue su trabajo lo que facilitó el desmantelamiento de células completas de militantes antifascistas durante la época de las dictaduras. Son muchos y han causado estragos en el movimiento popular. Por ello no se puede caer en acusaciones gratuitas, tarea bastante difícil, no exenta de riesgos.

Lamentablemente, quienes más cuidado deberían tener en no lanzar falsas acusaciones, por el lugar que ocupan en la creación de opinión pública, son a veces los más irresponsables. Es el caso del columnista del diario *Público*, Ignacio Escolar. De manera gratuita, sin averiguación previa, señaló y tachó a un manifestante de pertenecer a la policía secreta. Su criterio para colgarle tal san Benito fue su avanzada edad y la vestimenta. Para Ignacio Escolar, ser miembro del 15-M supone peinarse con *rastas*, usar vaqueros desteñidos, camisetas con eslóganes ecologistas, calzar deportivas sin marca y portar mochilas. Cualquier persona que no reúna estas características cae, a juicio de Escolar, en la categoría de infiltrado. Los daños causados han sido irreparables, supuso la estigmatización de un viejo militante sindicalista y de izquierdas, cuyo error consistió en vestir inapropiadamente, usar chaqueta, corbata y camisa de marca. Condición suficiente para ser tildado de agente policial. Días más tarde Escolar debió rectificar en su columna, pero el daño ya se había producido.

Lanzar acusaciones al aire es otra manera de dividir el 15-M. Señalar con el dedo y descalificar a personas honestas es una frivolidad. Aun no está lejos el argumento esgrimido en tiempos de Guerra Fría para descalificar a militantes díscolos, nada mejor de acusarlos de pertenecer a la CIA. Acusaciones sin fundamento, pero efectivas, eliminan a militantes incómodos. Recordemos el asesinato de Roque Dalton en El Salvador, uno de los poetas más destacados de América Latina. Acusado de espiar para la CIA, fue sometido a juicio por miembros de su organización y condenado a muerte. Su verdugo no es otro que el excomandante guerrillero del FMLN, Joaquín Villalobos, hoy convertido en uno de los principales asesores de fundaciones neoconservadoras en Estados Unidos. ¿Simple casualidad?

El movimiento 15-M bien puede tener claroscuros. Se pueden aportar argumentos y considerarlo un peón para impulsar reformas antidemocráticas. También se le puede descalificar como portador de un proyecto de la izquierda antisistémica para provocar un golpe de Estado y desestabilizar la democracia –representativa, claro está.

La presidenta de la Comunidad de Madrid, Esperanza Aguirre, es valedora de esta interpretación. Cansada de ver a los militantes del 15-M ocupando espacios públicos, los tilda de «perroflautas» y los acusa de ser un peligro para la convivencia pacífica y democrática. Este argumento se expande gracias a la inestimable colaboración del grupo mediático neoconservador Intereconomía. Así, *La gaceta de los negocios*, uno de sus libelos, llevó en portada el 29 de agosto de 2011 un titular acompañado de una fotografía a toda página: «Estos son los indignados que Interior no identifica». Su objetivo, pedir mano dura, cárcel y represión contra los indignados, además de provocar la indefensión de los fotografiados y ser objeto de ataques de la ultraderecha neofascista. Pero esta estrategia de Esperanza Aguirre y los dirigentes del Partido Popular no es de su exclusividad. Menos encolerizados, pero igual de efectivos, alcaldes, pertenecientes a coaliciones independientes, han dictado bandos municipales impidiendo la celebración de reuniones en las plazas bajo el argumento de alterar el orden público y el libre tránsito de las personas. En la Comunidad de Madrid estas prácticas se han generalizado y no son producto de la emergencia del 15-M, aunque se aprovecha su existencia para aplicarlas. Podríamos enumerar decenas de actitudes autoritarias y antidemocráticas en ayuntamientos gobernados por el Partido Popular, el PSOE, CiU en Cataluña u otras coaliciones. Muchas limitaciones a la libertad de expresión y reunión se han producido con anterioridad a la emergencia del 15-M, otras seguramente son producto de su presencia, pero no hay una relación causa-efecto entre el aumento de las medidas represivas y la existencia del 15-M.

La correlación de fuerzas no favorece, en medio del totalitarismo invertido, el quehacer político de las clases populares ni las propuestas nacidas abajo y la izquierda. El 15-M conlleva aceptar que estamos en presencia de un nuevo tipo de movimiento social ciudadano, cuya dinámica debe

> ir generando un amplio y masivo movimiento de desobediencia civil que sea capaz de ir deslegitimando en los hechos las injustas políticas que desde el gobierno central, las comunidades autónomas y muchos ayuntamientos se querrán aplicar. Será de los frutos que puedan ir creciendo de esta oposición social como podrá nacer también savia nueva para esa izquierda tan necesaria[7].

---

[7] Jaime Pastor, *op. cit*.

Las elecciones parlamentarias celebradas el 20 de noviembre de 2011 son el punto de inflexión para el 15-M y también para articular un proyecto alternativo capaz de pensar y crear formas de resistencia que deberán implementarse en medio de una política de recortes, cuyos efectos inmediatos será el aumento de la pobreza y la desigualdad social. No hay razón para pensar que en el corto plazo, ya entrados en la recesión, el rumbo se vaya a modificar. Por el contrario, todo apunta a que el nuevo gobierno seguirá por este camino. De ser esto cierto, en poco tiempo asistiremos a una agudización del paro y los conflictos sociales. Las opciones se reducen a medio plazo, o se cambia de rumbo o el colapso del capitalismo neoliberal y de mercado es inevitable.

La solución planteada por los actuales dirigentes políticos que gobiernan y controlar el poder: el G-8, el G-20, el FMI, el Banco Mundial y los articulados a los llamados países emergentes se antoja poco halagüeña. En la Europa occidental y del Euro habrá más represión y gobiernos totalitarios controlados por los mercados, por las trasnacionales. La necesidad de romper este sombrío futuro no recae en el 15-M, pero bien es cierto que su presencia puede coadyuvar a enfrentar la resistencia, mejor armada para cambiar de rumbo.

Su andadura aún no está definida, pero su futuro se debate entre ser una flor de verano producto de la crisis y el malestar de una ciudadanía indignada y ser un gran movimiento social ciudadano y popular capaz de rescatar de las manos del mercado la acción política, devolviéndole su centralidad en el proceso de toma de decisiones.

CAPÍTULO VIII

A MODO DE REFLEXIÓN FINAL

La emergencia del 15-M constituye una experiencia ligada a los avatares de un capitalismo asentado en la economía de mercado. Los movimientos de indignados del mundo comparten ser hijos del capitalismo salvaje, predador de la naturaleza y del ser humano. Son movimientos sociales ciudadanos que luchan contra los recortes de los derechos democráticos. Entre los cuales se encuentran el despido libre, la privatización de la sanidad y la cultura, el desmantelamiento de servicios públicos, el crecimiento de las desigualdades, la exclusión social, la marginalidad, la corrupción o el aumento en la edad de jubilación.

La explotación capitalista y sus formas de dominio ligadas al ejercicio de la violencia son incompatibles con la democracia. El estigma de la muerte se haya asociado a su evolución. Son miles de personas quienes año tras año mueren por hambre y desastres que no son naturales, como las malas construcciones, la desatención en aspectos básicos de la sanidad y las guerras imperialistas por apropiarse de los recursos naturales. Son muchos los trabajadores que pierden la vida a consecuencia de las deficientes condiciones de trabajo y un deliberado incumplimiento de la legislación laboral en temas de seguridad.

Es un hecho que la precarización del mercado laboral y el trabajo basura ha supuesto un aumento considerable de los accidentes de trabajo. La dejación en las inspecciones, al igual que en los casos de lavado de dinero y fraude fiscal, se asume como una realidad inevitable. Así, morir en el puesto de trabajo a causa de la temeraria dejación de los empresarios pasa a ser consi-

derado una circunstancia del azar y no se considera un homicidio imprudente[1].
El neoliberalismo es un sistema de muerte. Son decenas las especies pertenecientes a la flora y fauna que se han extinguido en los últimos cuarenta años, con el consiguiente empobrecimiento y pérdida de biodiversidad. El capitalismo, en su acción depredadora e irresponsable, no tiene remilgos a la hora de talar árboles, secar humedales y articular una economía de monocultivo. El resultado es desalentador, calentamiento global, desertización, aumento de las enfermedades y peor calidad de vida para el conjunto de las especies que habitan en el planeta.

En la actualidad existen mejores condiciones de vida, es cierto, pero lo dicho no marcha paralelo con un aumento en su calidad. Los avances científicos y técnicos incorporados a la vida cotidiana nos han hecho ganar en comodidades y sedentarismo. El ordenador, el teléfono móvil, el microondas o el nuevo instrumental médico para detectar enfermedades, las técnicas de fecundación *in vitro* y la investigación con células madres van en esta dirección. Se han desarrollado vacunas contra la malaria y otras enfermedades endémicas. Dicha realidad, al menos en los países de capitalismo avanzado, tiene su correlato en un alargamiento de la edad de vida. Llegar a los ochenta años de edad ya no constituye una excepcionalidad.

Pero si lo anterior es la cara optimista del «desarrollo capitalista», su relato oculta otra menos complaciente. Para lograr dichos efectos se ha potenciado la producción de alimentos transgénicos cuyos efectos en el organismo provocan cáncer y enfermedades crónicas irreversibles. La producción alimentaria de transgénicos está sometida a un secretismo casi total. Muchas de las plantaciones gozan de un estatuto secreto y su ubicación es un misterio. Priman las reglas del mercado, es decir, la falta total o casi completa de mecanismos de protección al ciudadano. No está debidamente controlada y tiene como única meta ganar dinero. Empresas transnacionales

---

[1] Véase Andrés Bilbao, *El accidente de trabajo: entre lo negativo y lo irreformable*, Madrid, Siglo XXI de España, 1977.

como Monsanto han perdido reciente un juicio por no desvelar la posición geográfica de sus plantaciones en Chile, que afecta directamente a otras actividades derivadas, como la apicultura y la polinización de las plantas por las abejas. Igualmente, Bayer o Nestlé son compañías corresponsables de la actual hambruna que asola el cuerno de África y del suicidio de miles campesinos que no pueden hacer frente a los préstamos bancarios para sembrar soja y comprar las semillas de la muerte. Expulsados de sus tierras, se han convertido en víctimas cuya única salida es ingerir matarratas y suicidarse.

Todo lo anterior es un suma y sigue. Los megaproyectos en la alimentación no han solucionado el hambre, por el contrario, lo han transformado en un arma política para el control de gobiernos. Igualmente, el oscurantismo sobre sus consecuencias para los organismos vivos que se ven afectados por su producción y consumo, a medio y largo plazo, lleva a preguntarnos, como lo hace Gustavo Duch,

¿tenemos referencias de que la salud de las personas vaya mejorando con la civilización globalizada? Creo que podemos afirmar que no, que obviamente han mejorado mucho los sistemas sanitarios, la medicina en general, y que gracias a ella se sobrevive más años. Pero la salud de las personas –como la del planeta que nos acoge– parece cada vez más mermada. Mucho tiene que ver en todo esto nuestro sistema alimentario global, que, con un enfoque exclusivamente mercantilista, produce sobre todo alimentos baratos de tres tipos: los de baja calidad (las verduras y frutas de invernadero, por ejemplo), las de dudosa calidad (los productos que contienen elementos transgénicos, por ejemplo) y, a veces, los claramente dañinos (alimentos contaminados con dioxinas, por ejemplo). Y aunque parezca que tenemos mucho donde escoger, la globalización alimentaria más que traernos la diversificación nos ha llevado a una homogeneización de las dietas (ricas en azúcares y grasas) que es en sí misma un atentado contra la salud y la cultura culinaria de la población[2].

---

[2] Gustavo Duch, *Alimentos bajo sospecha*, Barcelona, Los libros del Lince, 2011, pp. 15 y s.

En este envite, triunfa la economía de casino. Su regla es que no existan, para así poder ganar más dinero sin dar explicaciones ni estar controlados por unas agencia reguladora. El engorde artificial de ganado vacuno y ovino, especies por excelencia herbívoras, con hormonas y piensos compuestos de proteínas animales, ha generado enfermedades como el mal de las vacas locas o la peste aviar, dando lugar a la creación de priones. La venta de alimentos contaminados, no aptos para el consumo humano, es otra manera de generar procesos cuyos efectos a medio y largo plazo son una caja de sorpresas biológica.

Padecer un resfriado común, un proceso vírico o una gastroenteritis puede ser mortal. El continuado bombardeo de las empresas farmacéuticas y los laboratorios, cuyo único interés es promover la medicina curativa o paliativa y no la preventiva, trae como consecuencia un organismo débil sin defensas. Se prefiere una sociedad enferma antes que sana, fuente de la privatización de la sanidad pública.

Pero el capitalismo insiste en seguir este camino. A los dueños del poder y del dinero no les preocupa el calentamiento del planeta, la contaminación ni la extinción de especies. Para ellos todos los seres vivos que habitan el planeta y las riquezas minerales y acuíferas son mercancía. Acabar con los bosques, las selvas tropicales o semihúmedas, no constituye ningún problema moral ni ético.

El retorno de la esclavitud infantil, la trata de blancas y la sobreexplotación del trabajador son algunas de las piezas sobre las cuales se asienta la economía de mercado. Guerras por apropiarse de los recursos naturales, privatizar el agua y optimizar ganancias son el referente para entender la emergencia de un orden social totalitario y excluyente.

Hoy, el capital transnacional y financiero busca confluir bajo el paraguas de los megaproyectos, construcción de grandes aeropuertos, presas hidroeléctricas y centros de ocio, donde participan asociados bufetes de abogados, ingenieros, constructores, artistas, empresas de servicios, políticos, medios de comunicación y académicos. Todo un conglomerado al servicio del lucro. Así, nos encontramos con propuestas para explotar la Antártida o el Amazonas, construir carreteras de pago, instalar represas, edificios inteligentes, zonas de ocio o empresariales; eso sí realizados con buen gusto y una estética de vanguardia, avalada por renombrados y famosos pintores, urbanistas y arquitectos. Su expansión no encuentra límites.

Así las cosas, la especie humana se ha erigido en la cúspide de la pirámide de la depredación planetaria. En la naturaleza, los depredadores suelen estar dotados de mayor tamaño y más medios (dientes, garras, etcétera) que sus presas: el pez grande se come al chico. Pero la especie humana, gracias a sus medios de intervención exomática, no solo es capaz hoy de capturar ballenas o elefantes, de talar bosques enteros y de domesticar animales y plantas, sino que extiende hasta límites sin precedentes los usos agrarios, urbano-industriales y extractivos sobre el planeta, así como las infraestructuras y medios de trasporte que los posibilitan. Las asimetrías en jerarquía y capacidad de control que suelen darse entre el depredador y la presa alcanzan, en el caso de la especie humana, no solo un cambio de escala, sino también de dimensión, al extender el objeto de las capturas al conjunto de los recursos planetarios, ya sean bióticos o abióticos [...][3].

Por otro lado, las economías emergentes tampoco han propuesto un orden alternativo. Por el contrario, se suman a la emisión de gases tóxicos, la sobreexplotación y la depredación. Sus políticas, condensan todas estas atrocidades. Destrucción de pueblos y culturas originarias en pro del viejo relato de civilización o barbarie en el siglo XXI. Solo cabe crecer, crecer y progresar hasta acabar con el planeta. El sistema se corrompe y la democracia representativa pierde sentido en un mundo en el cual las decisiones se toman a espaldas del pueblo.

Vivir con dignidad, tener acceso a la salud, la educación, la vivienda, a un trabajo digno, al ocio, a los alimentos, disfrutar de la

---

[3] José Manuel Naredo, *Raíces económicas del deterioro ecológico y social. Más allá de los dogmas*, Madrid, Siglo XXI de España, 2006, p. 214.

naturaleza y convivir con ella son la base de las demandas de los nuevos movimientos sociales ciudadanos. Su constitución trata de proyectar un concepto emancipador, donde las relaciones sociales se guíen por la justicia social, la igualdad y la ley, sin discriminación de género, abusos, torturas, ni arbitrariedades. En otras palabras, donde la política y la ética se definan por la búsqueda del bien común y la felicidad colectiva. Un orden democrático donde quepan todos, sin exclusión ni marginación del otro, donde el mandar obedeciendo es el principio articulador de la democracia[4].

El 15-M, en particular, ha puesto en blanco y negro esta contradicción a la hora de llevar a cabo y materializar un proyecto democrático. «No somos antisistema, el sistema es antinosotros.» La exclusión, la represión y el proceso de deshumanización hacen imposible que el capitalismo sea una opción para la especie humana y el planeta en su conjunto.

En medio de la crisis actual, el poder hegemónico y dominante, controlado por los mercados y el capital financiero, da un paso adelante y acelera las reformas antidemocráticas. Al hacerlo, el propio capitalismo admite su incapacidad para articular un orden democrático. Al decir de Wallerstein,

> por definición un movimiento es antisistémico precisamente porque plantea que ni la libertad ni la igualdad puede ser realidad dentro del sistema existente, y que por lo tanto es necesario transformar completamente el mundo para que exista esa libertad y esa igualdad[5].

Luchar por la libertad y la igualdad en el interior de un sistema opresivo fundado en la explotación da lugar al nacimiento de múltiples movimientos antisistema. Durante siglos su evolución ha marcado los avatares de las luchas sociales y de clases, el movi-

---

[4] Véase Marcos Roitman, *Democracia sin demócratas y otras invenciones*, Madrid, Sequitur, 3ª edición, ampliada y corregida, 2010.
[5] Immanuel Wallerstein, *Historia y dilemas de los movimientos antisistémicos*, México, Libros de Contrahistorias, 2008, p. 105.

miento de indignados es, pues, uno más de aquellos que nacen para sumarse al esfuerzo emancipador. Su aparición sintetiza, en la actualidad, esos aires de liberación y lucha por construir una democracia entendida como práctica plural de control y ejercicio del poder, desde el deber ser del poder. «Cuando los de abajo se mueven, los de arriba se tambalean.»

BIBLIOGRAFÍA MÍNIMA

AA.VV., *Hablan los indignados. Propuestas y materiales de trabajo*, Madrid, Editorial Popular, 2011.

AA.VV., *¡Indignados! 15-M*, Madrid, Mandela Ediciones, 2011.

AA.VV., *Me gustan los estudiantes*, Santiago de Chile, LOM, 2006.

AA.VV., *Las voces del 15-M*, Barcelona, Los panfletos del Lince, 2011.

AA.VV., *Reacciona*, Madrid, Editorial Aguilar, 2011.

AA.VV., *Pensar el 15-M y otros textos*, Madrid, Manuscritos, 2011.

ASKENAZY, Philippe *et al.*, *Manifiesto de economistas aterrados*, Ediciones Pasos Perdidos, 2011.

HESSEL, Stéphane, *¡Indignaos! Un alegato contra la indiferencia y a favor de la insurrección pacífica*, Barcelona, Destino, 2011.

GONZÁLEZ CASANOVA, Pablo, *Las nuevas Ciencias y las Humanidades. De la academia a la Política*, México, Barcelona, Anthropos-UNAM, 2004.

NAREDO, José Manuel, *Raíces económicas del deterioro ecológico y social. Más allá de los dogmas*, Madrid, Siglo XXI de España, 2006.

ROITMAN, Marcos, *El pensamiento sistémico los orígenes del socialconformismo*, México, Editorial Siglo XXI de México, 2010.

TAIBO, Carlos, *Nada será como antes. Sobre el movimiento 15-M*, Madrid, Editorial Catarata, 2011.

TORRES, Juan y GARZÓN, Alberto, *La crisis de las hipotecas basura. ¿por qué cayó todo y no se ha hundido nada?*, Madrid, Ediciones Sequitur / ATTAC España, 2010.

WALLERSTEIN, Immanuel, *Capitalismo histórico y movimientos antisistémicos. Un análisis de sistemas-mundo*, Madrid, Ediciones Akal, 2004.

ZOLA, Émile, *Yo Acuso*, Barcelona, Ediciones del Viejo Topo, 1998.

CONSULTA EN LA RED

http://www.rebelion.org[1]

---

[1] Su web desarrolla una labor de información, publicando la mayoría de los artículos, ensayos y propuestas escritos en torno al 15-M. Consultar esta página para quien desee tomar el pulso a los debates, discusiones y acciones sobre el 15-M, es obligado.

ÍNDICE

Introducción 5

I. Incertidumbre y malestar 11

II. Cómo explicar la insurgencia ciudadana.
El rescate de la política 29

III. ¿Quiénes son los indignados? 47

IV. Los indignados, la política y los intelectuales. 65

V. ¿Y ahora qué? Organizar la indignación 83

VI. El 15-M en la teoría de la conspiración 95

VII. Las luchas políticas en el interiior del 15-M... 109

VIII. A modo de reflexión final 125

Bibliografía mínima 135